BIBLIOTHÈQUE CHRÉTIENNE
DE L'ADOLESCENCE ET DU JEUNE ÂGE
Publiée avec approbation
de Monseigneur l'Évêque de Limoges.

ST GERMAIN L'AUXERROIS.

CATHÉDRALES

ET

CHATEAUX

AU MOYEN-AGE

PAR

CHARLES DELATTRE.

LIMOGES | **PARIS**

F. F. ARDANT FRÈRES, | F. F. ARDANT FRÈRES,

7, Avenue du Midi. | 4, quai du Marché-Neuf.

INTRODUCTION.

Les historiens ont coutume de donner le nom de moyen-âge à la période qui s'est écoulée entre la dislocation de l'empire romain opérée par les barbares, et la prise de Constantinople par Mohammed II, prise qui accomplit la ruine du faible trône des empereurs grecs, derniers héritiers des Césars et du grand Constantin. Cette période renferme les pages les plus intéressantes de l'histoire et les moins connues généralement; elle nous expose le drame terrible de la mort de l'antique société humaine, de la société du polythéisme, et nous fait assister à la naissance de la société chrétienne, à son enfance, et nous conduit jusqu'à sa jeunesse, qui finit de nos jours au milieu des convulsions morales et politiques.

L'époque du moyen-âge est curieuse à étudier sous le rapport religieux , sous le rapport politique et sous le rapport de la civilisation. C'est par le Christianisme que l'ordre reparut, que les sciences et les arts se conservèrent, que les barbares dépouillèrent en partie la rudesse de leurs mœurs, que de nouvelles sociétés se formèrent. Mais les barbares jetèrent au milieu des sociétés naissantes de fatales semences ; ils y apportèrent l'individualisme , un besoin vague de liberté , une soif ardente de richesses et de jouissances matérielles. Leur intelligence étant trop grossière pour se pénétrer de l'esprit du code évangélique, ils prirent les cérémonies du culte extérieur pour la religion tout entière , ils les observèrent scrupuleusement , sans s'occuper du dogme moral ; ils se livrèrent à toute la fougue de leurs passions , ils déchaînèrent ainsi l'ange rebelle de l'égoïsme , et avec lui les révolutions et les calamités qui avaient opprimé le genre humain avant l'âge de la réparation , ange rebelle que la religion chrétienne combattait depuis plusieurs siècles. L'évangile enseigne la charité et l'humilité , les barbares restèrent durs et orgueilleux ; l'évangile proclame la liberté de l'homme, les barbares eurent des esclaves et des serfs ; l'évangile enseigne l'égalité devant Dieu , qui doit conduire à l'égalité devant la loi (1), car la loi représente Dieu sur la terre ; les barbares rétablirent l'inégalité devant la loi. L'ambi-

---

(1) L'égalité devant la loi n'a rien de commun avec l'égalité prétendue de position sociale , avec l'égalité de richesses, qui est une chimère ridicule. L'homme intelligent sera toujours supérieur à l'homme inepte, l'homme actif au paresseux , l'homme vertueux au criminel. Il y aura toujours des pauvres parmi vous, dit notre divin Sauveur. En effet il faut des pauvres et des souffrants pour que la

tion et la cupidité armèrent le fort contre le faible; les puissants se liguèrent pour opprimer de plus puissants qu'eux; les chefs des sociétés étendirent leur pouvoir par l'usurpation, les catégories politiques s'armèrent les unes contre les autres, l'antique anarchie domina de nouveau le monde et le précipita dans la voie des révolutions.

L'égoïsme se parant hypocritement du nom d'ordre social, reconstitua la monarchie romaine, objet de l'ambition des chefs barbares. L'intérêt des puissants armés contre la centralisation monarchique, enfanta la féodalité. L'amélioration matérielle des classes industrielles produisit enfin l'affranchissement des communes qui fit rentrer sur la scène l'élément démocratique depuis longtemps effacé dans l'Europe centrale et septentrionale.

L'oppression et l'anarchie tourmentant la société, l'ombre paisible du cloître devint l'asile de la science et de la vraie liberté; des voix puissantes s'y firent entendre, elles rappelèrent à l'humanité sa véritable destination; mais semblables à ces prophètes d'Israël, elles parlèrent et ne furent pas entendues, le bruit des passions qui s'agitaient étouffant leurs accents.

Cependant la religion offrait ses consolations sublimes aux victimes de cet état social violent, et admettait à la réconciliation les grands coupables de ces siècles de désordre; les puissants expiaient leurs crimes par des donations et des fondations, les faibles rachetaient leurs fautes par des pèlerinages ou de saintes associations.

charité ne s'éteigne pas, pour que le riche reste vertueux en faisant un noble usage de ses biens, pour que de grandes fautes peut-être soient expiées, et que de grandes récompenses soient méritées par la patience et la résignation.

Oppression, résistance et affranchissement, expiation religieuse, sont les faits dominants de l'histoire du moyen-âge, et les trois grandes causes qui imprimèrent un cachet particulier aux arts pendant cette mémorable période.

On peut donc rapporter à trois classes distinctes les monuments du moyen-âge. — 1° Monuments d'oppression, les châteaux féodaux ; — 2° Monuments de résistance et d'affranchissement, les Hôtels-de-Ville et les Beffrois ; — 3° Monuments d'expiation, les cloîtres et les cathédrales. Ce sera dans cet ordre que nous en parlerons.

CHATEAUX-FORTS.

Les châteaux-forts sont les monuments les plus nombreux du moyen-âge ; en France et en Allemagne, il y a peu de collines et de montagnes qui ne servissent de base à une de ces retraites, d'où barons et hommes d'armes s'élançaient, avides de butin, pour piller, tantôt les terres voisines, tantôt le pauvre marchand voyageur. Ces forteresses se ressemblent presque toutes, il suffira d'esquisser le plan de quelques-unes pour les faire connaître parfaitement.

Parmi ces vieux et terribles manoirs, le château de Monthléry, près Paris (1), est un de ceux qui ont été des

(1) Département de Seine-et-Oise.

plus célèbres. Il fut bâti vers l'époque où les seigneurs du petit duché de France, s'élevant sur les débris du trône impérial de la dynastie teutonique de Karl-le-Grand (1), prirent le titre de roi. Le formidable donjon de Montlhéry, placé dans une position inexpugnable pour le temps, possédé par d'audacieux barons, portait ombrage à la royauté naissante ; aussi sa possession fut-elle pendant longtemps l'objet de l'ambition des faibles descendants de Hugues-Capet.

Le château de Montlhéry couronnait un mamelon conique de peu d'étendue; ses murs, formés ainsi que la tour, de blocs de grès bien taillés, s'élevaient à une grande hauteur, et décrivaient plusieurs enceintes ; à l'extrémité de la cour principale, dominait le donjon qui subsiste encore, quoique délabré. Ce donjon est une tour ronde , haute de trente-trois mètres, dont les murs ont trois mètres d'épaisseur à la base et un au sommet. Le premier et le second étage, entièrement voûtés et à l'abri du feu , se divisaient en salles très vastes , éclairées par d'étroites meurtrières; le comble , en fortes charpentes, était couvert de plomb et d'ardoise. Une double tourelle , adossée au donjon , contenait l'escalier. Dans la tour se trouvait un puits, un moulin à bras et des magasins pour contenir les vivres de la garnison. Le château de Montlhéry appartint successivement à Thibault-file-Etoupe , à Guy de Trousselle, au dauphin Louis, fils de Philippe Ier, qui le donna au vicomte Milon de Braie, en l'opposant au comte Hugues de Crécy, à qui Bertrade l'avait donné.

Hugues ayant assassiné Milon , le château retourna au

(1) Charlemagne.

domaine royal. La position de Montlhéry devint le théâtre d'un combat entre Louis XI et la ligue du Bien Public, dont les troupes étaient commandées par le duc de Charolais. Trois mille cinq cents hommes moururent sur ce champ de bataille où ni Louis, ni son adversaire ne triomphèrent. Le château de Montlhéry fut détruit pendant les guerres de Henri IV et de la Ligue.

Pierrefonds, château-fort situé à trois lieues de Compiègne, sur la lisière de la forêt, était du côté du nord un sujet d'inquiétude et d'embarras pour les rois de la France naissante, comme Montlhéry au midi. En 1047, Nivelon, baron qui en était possesseur, étendait sa protection puissante sur toute la contrée environnante, et contrebalançait l'autorité de Henri Ier, petit-fils de Hugues-Capet. Ce ne fut qu'en 1193 que Philippe-Auguste parvint à réunir cette importante citadelle au domaine royal. Le château de Pierrefonds, miné par le temps et les assauts qu'il avait soutenus, fut détruit, et Louis de Valois, duc d'Orléans, le reconstruisit presque sur le même emplacement. Le roc vif servit de fondement à la forteresse nouvelle qui couvrit un espace de trois mille trois cent soixante mètres carrés. L'édifice eut une forme quadrilatère, les murs extérieurs, assez épais pour contenir des appartements et des corridors, étaient défendus par de grosses tours à plusieurs étages, hautes de trente-six mètres sans les combles; des fossés, des ponts-levis, un donjon ajoutaient à la force du château. Pierrefonds, situé à proximité de Paris, était une position importante qui fut souvent attaquée par les troupes de Henri IV, pendant les dernières années de la Ligue. Louis XIII en fit renverser les fortifications et détruire les bâtiments par son artillerie, parce que le marquis de Cœuvres, qui en était gouverneur, prit parti contre la cour. Aujourd'hui Pierre-Fonds n'offre plus aux regards du curieux qu'une ruine pittoresque; des fragments de murs, des tours sans toitures subsistent encore, la chapelle surtout est assez bien conservée.

Blandy était une autre forteresse redoutable qui dominait la contrée voisine de Paris, près de Melun. On pense qu'elle fut bâtie en l'an 1000, sous le règne du pieux Robert, fils de Hugues-Capet. En 1223, Blandy appartenait aux barons de Garlande, seigneurs puissants de la Brie; les comtes de Tancarville en devinrent ensuite possesseurs, puis les seigneurs de Montgomery, la maison d'Orléans-Longueville, et enfin les princes de Bourbon-Condé. Ce château fut assiégé et dévasté par les Ligueurs. Aujourd'hui il est transformé en une vaste et belle ferme.

Blandy formait un pentagone irrégulier, dont chaque angle était défendu par une forte tour; trois, tournées vers la plaine de Melun, surpassaient les autres par leurs dimensions, l'une d'elles surtout avait trente-six mètres de diamètre et trente trois mètres de la base à la naissance des combles. Cette tour principale renfermait la salle d'armes et de justice, la salle de festin et les principaux appartements; ses murs ont quatre mètres d'épaisseur, et dans les longues embrasures des fenêtres, qui ne laissent pénétrer qu'un jour sombre et lugubre, on voit des siéges de pierre. Elle était défendue par un fossé particulier, un pont-levis, une herse de fer du poids de plusieurs milliers, une porte fortifiée et des souterrains de refuge dont l'issue est dans la campagne, à une demi-lieue du château. Elle contenait aussi un puits, des ma-

gasins de vivres et un arsenal. Des passages secrets,
construits dans l'épaisseur des murs, conduisaient dans
les autres tours; l'enceinte extérieure était protégée par
un large fossé, avec son pont-levis, une porte à tourelles
et une herse.

Presque tous les manoirs féodaux ressemblaient pour la
structure aux châteaux de Montlhéry et de Blandy; une
des plus pittoresques de ces citadelles de la vieille France,
est le château de Tournoël, près de Riom er Auvergne.

Voici comment les auteurs des voyages pittoresques et
romantiques de l'ancienne France le décrivent : « A une
lieue de Riom, à peu près, s'élève à l'entrée des montagnes qui forment les premiers degrés de ces masses volca-
niques particulières au Puy-de-Dôme et aux Monts-Dore,
un château en partie démantelé, mais le donjon et
quelques vieilles tours bien assises sur le rocher, bravent
et soutiennent encore les efforts du temps, comme elles
ont bravé dans plus d'un siége les efforts des hommes pour
les détruire. Un sentier sinueux conduit jusqu'à la porte
principale, défendue par des ouvrages bien plus modernes
que l'ensemble des constructions de ce vieux monument.

» On laisse à droite, en entrant, une tour à bossages, qui
dut être construite vers le règne de François Ier. Puis,
après avoir passé sous la dernière porte, dont la baie est
encore colorée par les traces rougeâtres de la herse rouil-
lée, on pénètre dans un vestibule qui donne sur le préau.
Un concierge garde ces vénérables débris, et le possesseur
actuel de ce vieux manoir a porté le soin jusqu'à faire
remplacer les toitures que les ouragans enlèvent quelquefois, et à réparer les planches vermoulues, seulement au
point désirable pour leur laisser l'aspect des ruines, et

permettre cependant au voyageur curieux de parcourir les vastes salles, l'oratoire silencieux, ou le donjon élevé qui domine au loin les rochers et tous les vieux châteaux de ces montagnes.

» C'est de ce donjon que se déploie une des plus belles vues du monde. De là on aperçoit ce grand lac desséché, maintenant la verdoyante Limagne, magnifique bassin de la rivière Allier, qui court rapidement au milieu d'épais bocages et de brillantes moissons, nourris sans cesse par le dépôt d'un épais humus, richesse du sol, qui, sans s'épuiser, produit incessamment les plus abondantes récoltes. Là le contemplateur passionné des beautés de la nature, embrassera du regard une plaine qui se développe jusqu'à dix-huit lieues dans sa plus grande longueur, et jusqu'à huit dans sa largeur, bordée de deux chaînes de montagnes qui la dominent, et forment de chaque côté le cadre de ce magnifique tableau; à l'est la chaîne du Forez, à l'ouest la chaîne volcanique du Puy-de-Dôme, s'éloignant et s'abaissant vers le nord, bordée de coteaux élevés et couronnés par des plateaux couverts de galets.

» Au temps de la splendeur de ce beau manoir, comme maintenant, il fut toujours dans les appartenances de Volvic. Jean, chanoine de Saint-Victor, le nomme dans ses mémoires, *Castrum fortissimum.*

» En 1213, l'évêque de Clermont, Robert et Guy II, comte d'Auvergne, son frère, s'étant fait une guerre longue et acharnée, Philippe-Auguste envoya en Auvergne une forte armée, pour calmer leurs dissensions et s'emparer des biens du comte. Le château de Tournoël fut assiégé, et quoique réputé imprenable, il fut pris. Il était défendu par Gualeran et Robert, et l'armée royale était

commandée par Guy de Dampierre , seigneur de Bour-
bon , et Renaud de Fery , archevêque de Lyon. Cette
armée ravagea tout sur son passage. Ce fut Guy de Dampierre qui prit le château et fut ensuite chargé par le roi
de la garde des terres conquises sur le comte d'Auvergne.
Baluze , dans les preuves généalogiques de son histoire de
la maison d'Auvergne , parle de ce siége, et donne le
détail des munitions qui se trouvaient dans la place. Cet
inventaire fait par Guy de Dampierre est fort curieux,
et prouve que les chevaliers de ce temps n'étaient recher-
chés ni dans leurs meubles , ni dans leur nourriture Le
vainqueur en remporta entre autres dépouilles, une serpe,
un mortier de cuivre , deux cordes , deux écheveaux de
fil , six marteaux , du froment, des moulins pour le mou-
dre, des fèves et une provision de vin.

» Pendant les guerres de la Ligue , le château de Tournoël fut attaqué plusieurs fois. Charles d'Afchen, qui en
était seigneur, y soutint en 1590, un siége contre les
ligueurs. En faisant une sortie , ce seigneur fut tué sur
le chemin de Charbonnières-les-Varennes. Il paraît que
la Ligue ne put s'en emparer alors , puisque, dans une
nuit , en mars 1594, le duc de Nemours envoya des troupes, qui finirent par y pénétrer ; et les ennemis du roi
après l'avoir pillé , le livrèrent aux flammes. Quand vint
la mort du duc de Nemours, et le traité avec le duc de
Mayenne, la place fut rendue aux royalistes. »

Le château de Tournoël formait une enceinte carrée ,
très étendue, entourée de fossés, munie de hautes tours
crénelées et à plusieurs étages ; les murs cachaient des

passages secrets, les tours conduisaient à des souterrains creusés sous leurs fondations ; enfin on retrouvait dans cette forteresse tout ce qui caractérise les manoirs féodaux.

Le nombre des châteaux-forts construits par les seigneurs sur le sol français était immense, peu subsistent encore aujourd'hui ; les principaux sont : le château dit de Pétrarque, près de Vaucluse, le château de Foix, celui de Lourdes, le château de Pau, celui d'Orthez, le château de Cadillac, le château de Blaye, ceux de Nérac, Larochefoucault, Cognac, où naquit François Ier, Fontenay-le-Comte, Parthenay, Châtellerault, Saumur, Angers, Clisson, Ancenis, Pontivy, Dinan, Laval, Amboise, Langeais, Loches, Vendôme, Nogent-le-Rotrou, Bourbon-l'Archambault, Boussac, Rochechouart, Gray, Béfort, Château-Thierry, Brie-Comte-Robert, Provins, Crespy, Clermont, Montfort l'Amaury, Gisors, Falaise, enfin Ham.

L'Allemagne était également remplie de ces retraites d'hommes de guerre qui ne connaissaient d'autre droit que leur épée ; elles ne différaient en rien des châteaux de France. La vallée du Rhin surtout en est semée ; il n'est pas une éminence qui serve de base à une de ces forteresses. Celle d'Ehrenbreistein, sur la rive droite du fleuve, s'élève pittoresquement vis-à-vis Coblentz. Ehrenbreistein (pierre d'honneur), placé sur la croupe arrondie d'une haute colline taillée à pic sur les flancs, n'a qu'un chemin étroit et serpentant pour arriver à ses portes, un vaste château carré à trois étages, surmonte les redoutables fortifications modernes qui l'entourent. Cette forteresse, placée sur un point militaire important , au confluent du Rhin et de la Moselle , a succédé à un camp romain. Le château date de 1160. Dans l'intérieur est un puits de cent mètres de profondeur, qui suffit aux besoins de la garnison. Les fortifications modernes ont été élevées par Carnot, et Montalembert.

CATHÉDRALES.

Les monuments les plus merveilleux du moyen-âge,
sont, sans contredit, les cathédrales et les cloîtres ; c'est
dans leur exécution que l'architecture et la sculpture ont
réuni tous leurs efforts, tous leurs moyens, et qu'elles
sont parvenues à donner à l'art de cette période un cachet particulier. L'art, pendant le moyen-âge, n'eut rien
de l'art romain ou plutôt grec, toute tradition antique
s'éteignit avec les derniers successeurs de Karl-le-Grand ;
ce fut en Orient et en Espagne, devenue province arabe,
que les artistes s'inspirèrent. Des idées puisées pendant
les croisades, en Asie, en Egypte et en Espagne, sortit le

style dit improprement gothique, puis arabe, et qu'il serait mieux de désigner sous le nom de style oriental, car il fut imité de l'Asie orientale par les Arabes, après leurs conquêtes étonnantes et rapides. Ils copièrent les monuments de la Perse, dont le type se retrouvait dans l'Inde.

J'ai désigné les édifices sacrés du moyen-âge, sous le nom de monuments d'expiations, parce qu'ils durent presque tous leur origine à de pieuses fondations faites dans le but d'obtenir le pardon de fautes graves et souvent de crimes affreux. Et ce n'étaient pas seulement les fondateurs qui prétendaient expier leurs fautes en ordonnant la construction d'églises ou d'abbayes, et en employant leurs biens à les édifier, mais les ouvriers qui y travaillaient espéraient aussi obtenir le pardon céleste. Dans cette vue, surtout après que les croisades tombèrent en désuétude, il se faisait des associations d'hommes du peuple et d'artistes qui parcouraient l'Europe et louaient leurs bras, pour un modique salaire, aux pieux fondateurs. Quelquefois même, lorsqu'il s'agissait d'élever une cathédrale, les habitants de la cité travaillaient de leurs mains, et tour-à-tour, au saint monument. Quelques-uns de ces édifices ont été, pendant plusieurs siècles en construction, et virent passer des générations successives d'architectes, de sculpteurs et d'ouvriers, avant d'être livrés au culte; il en est même, comme la cathédrale de Beauvais qui n'ont jamais été achevés.

Le nombre des églises et des cloîtres en Europe, n'a pas été moins considérable que celui des châteaux-féodaux; je décrirai seulement les plus remarquables.

Notre-Dame de Paris remonte probablement, quant à

sa fondation (1), aux derniers temps de la domination
romaine dans les Gaules, car, sous les princes franks de
la race de Merwigh (2), la cité de Parisii avait son église
principale sous l'invocation de la Sainte Vierge, comme
les chartes de ces princes en ont foi. Ainsi, vers la fin
du IVe siècle, Kild-Berth donne la terre de *Cella*, près
Monasteriolum (3) à l'église mère de Paris, dédiée à
Sainte-Marie. Mais le monument actuel, qui est en style
oriental, appartient à l'époque des croisades, et il doit avoir
été rebâti sur les fondations d'une basilique de la période
romaine. Maurice de Sully, évêque de Paris, sous le règne
de Philippe-Auguste, posa les fondements du chœur; ce
ne fut qu'au seizième siècle que les travaux s'achevèrent
entièrement. Ils avaient été entrepris par des architectes
étrangers, dont plusieurs étaient arabes. La forme de
cette cathédrale est celle d'une croix latine, dont la longueur est de trois cent trente pieds, et la largeur de trente-huit. La hauteur intérieure de la voûte est de trente-
cinq mètres. L'ensemble du monument, parfait dans tous
ses détails, est un des chefs-d'œuvre de l'architecture
orientale dite gothique. Notre-Dame a un portail principal
et deux portails latéraux; le premier fut achevé sous le
règne de Philippe-Auguste, sa largeur est de trente-trois
mètres, il est surmonté de deux tours hautes de soixante-
huit mètres. Trois portiques en arcs ogives, admirablement sculptés, conduisent dans l'intérieur; autrefois on

(1) Un temple païen avait existé autrefois sur le même emplacement.
(2) Mérovée, les Mérovingiens.
(3) Montereau-fault-Yonne.

montait aux portiques par treize marches, mais depuis, le sol a été considérablement élevé. Le portique central est orné de sculptures singulières, réparties dans trois bas-reliefs. Au sommet de l'ogive, dans le bas-relief le plus considérable, on voit Dieu le père, ayant deux anges à ses côtés. Au-dessous est un ange de ténèbres, traînant des personnages enchaînés qui représentent les crimes et les vices. Le bas-relief inférieur contient des figures de saints et de saintes. Dans la voussure de l'ogive, l'artiste a représenté les tourments des réprouvés ; il y a une énergie et une verve d'imagination surprenantes dans cet enlacement de figures d'hommes, de femmes, d'enfants, de rois, de pontifes livrés aux flammes et à des démons, dont l'expression d'ironie est véritablement satanique. Sur le portique de droite se trouve le martyre de saint Denis, et sur celui de gauche un zodiaque, dont le douzième signe, représenté par la vierge, est détaché des autres, et placé sur la colonette qui sépare les ventaux de la porte. Les quatre ventaux des portiques de droite et de gauche sont enrichis d'ornements en fer, délicatement travaillés et représentant des enroulements entortillés. Au-dessus des portiques règne une suite de vingt-sept niches qui contenaient autrefois les statues des vingt-sept prédécesseurs de Philippe-Auguste et l'image de ce prince, une galerie couronne les niches. Au-dessus du portique central est la grande rose du portail, et deux fenêtres à doubles ventaux surmontent les portiques nord et sud. Un péristyle de de trente-quatre colonnettes très minces, soutient une seconde galerie à balustrade, des extrémités de laquelle se dégagent les deux tours.

L'intérieur de l'église est divisé en cinq nefs, une grande

centrale et quatre petites, un rond point au centre de la croix, et un chœur. Quarante-cinq chapelles occupaient primitivement le pourtour. Par suite des travaux de restauration, il n'en reste plus que trente-deux. Une galerie, que supportent cent huit colonnettes d'une seule pièce, se développe autour du chœur et de la grande nef. On compte dans les nefs cent vingt gros piliers qui supportent les ogives des voûtes, et six grosses gerbes de colonnettes en faisceaux formant de gros piliers qui s'élancent du sol au sommet de la voûte de la nef principale.

Le chœur a trente-huit mètres de long sur douze de large; il est orné de stalles en bois de chêne, sculptées avec un talent prodigieux; les sujets représentent l'histoire de l'ancien testament. Le pourtour extérieur du chœur est couvert de bas-reliefs exécutés par Jean Ravy et son neveu, Jean Bouteiller, tous deux maçons; ces bas-reliefs représentent des scènes du nouveau testament; ils sont traités avec une naïveté et une incorrection très fréquente dans la statuaire de cette époque; ils furent terminés en 1351.

Une autre merveille de l'architecture orientale appliquée aux constructions sacrées du moyen-âge, que Paris possède, est la Sainte-Chapelle, bâtie de 1242 à 1248 par Eudes de Montreuil, destinée au service divin du palais des rois, aujourd'hui palais de justice, reçut les saintes reliques données par Beaudoin II, empereur de Constantinople, à saint Louis. Intérieurement, l'édifice est à deux étages, l'un inférieur qui servait aux serviteurs du palais, l'autre supérieur, dit de Sainte-Croix, dans lequel le roi et ses barons assistaient aux offices.

La longueur intérieure de la Sainte-Chapelle est de trente-sept mètres, et sa hauteur extérieure exactement semblable, ce qui la fait paraître d'une grande élévation. On entre dans l'étage inférieur par un petit portail qui regarde vers le sud, et dans l'étage supérieur par un perron fort élevé, cet étage est éclairé par huit fenêtres magnifiques, dont les colonnettes et les trèfles sont d'une excessive délicatesse, et par deux grandes rosaces. Un clocher en flèche, d'une grande hardiesse, dominait l'édifice ; peu d'années avant la révolution il fallut le détruire parce qu'il menaçait ruine.

La dépense faite par saint Louis pour la construction et l'ornement de ce temple, monta à plus de six millions de notre monnaie, somme exhorbitante à cette époque.

La cathédrale de Rheims a succédé, comme celle de Paris, à un temple païen ; sa fondation, comme église chrétienne, remonte à l'an 401. Ce fut dans cette église que l'évêque saint Remigius sacra le chef des Franks, Khlodwigh (1). Reconstruite en 826, elle fut détruite par les flammes en 1210. L'archevêque Alberik Humbert entreprit de la rétablir en 1211, et elle ne fut achevée que trente ans après. La cathédrale de Rheims, extérieurement et surtout dans son portail, est un chef-d'œuvre d'architecture orientale ; sa longueur totale est de cent cinquante mètres, sa plus grande largeur, dans la croix ou croisée, est de cinquante mètres et l'élévation de la voûte atteint à trente-neuf mètres. Les travaux antérieurs d'embellissement et de réparation entrepris dans les der-

(1) Clovis.

niers siècles en ont totalement changé l'ordonnance intérieure.

La cathédrale de Strasbourg est une des plus célèbres
églises construites dans le style oriental; la flèche de son
clocher rivalise en hauteur avec la grande pyramide
d'Egypte ; cette flèche s'élève majestueusement à cent
quarante-six mètres. L'église de Strasbourg est assise sur
les fondements d'un temple d'Hercule, que les Romains
élevèrent sur l'emplacement d'un bois consacré au culte
des divinités teutoniques; on attribue à Khlodwigh sa
fondation primitive, elle ne fut alors qu'une construction
grossière en charpentes. Quelques siècles après, on bâtit
le chœur en pierre, et on fit au-dessous une église souterraine. En 1002, les soldats d'Hermann, duc d'Alsace,
livrèrent aux flammes cet édifice que la foudre acheva
de détruire en 1007. L'évêque Werner, appela pour reconstruire son église épiscopale une de ces associations
d'architectes, de sculpteurs et de maçons qui parcouraient
alors l'Europe pour bâtir de saints temples. Les premières
pierres furent posées en 1015, mais le monument ne
s'acheva qu'en 1275. L'année suivante, l'évêque
Conrad de Lichtemberg, fit commencer les travaux de
la tour, dont les plans lui avaient été présentés par Her-
win, né à Steinbach, dans le pays de Bade. Il fallut cent
soixante-deux ans pour terminer cette entreprise colossale, qui s'acheva en 1439 sous la direction de Jean
Hülz, de Cologne. La hardiesse de la tour de Strasbourg,
le talent avec lequel sa construction fut exécutée, firent
que les associations de constructeurs, ou francs-maçons,
de l'Allemagne et de la Suisse, députèrent leurs chefs à
Ratisbonne, où ils décidèrent que l'architecte de la ville

de Strasbourg, serait à l'avenir chef-suprême de toutes
les loges ou associations, titre que les empereurs Charles V
et Maximilien Ier, confirmèrent et qui subsista jusqu'en
1707, année dans laquelle un décret impérial défendit
aux architectes allemands de correspondre avec la loge
de Strasbourg. Les associations de constructeurs anglais
et flamands s'affilièrent vers cette époque avec ceux de
l'Allemagne, et leurs chefs correspondirent ensemble. Ces
chefs qui avaient reçu des Arabes les règles de l'architecture, en faisaient un secret qu'ils ne confiaient qu'à un
petit nombre d'initiés, choisis parmi les plus intelligents
des francs-maçons associés. Les simples membres de l'association étaient des ouvriers ou des hommes qui se
dévouaient à la construction des temples par dévotion,
comme d'autres se rendaient à la croisade ou entrepre-
naient de longs et pénibles pèlerinages. Les associés étaient
assujettis à la juridiction de leurs chefs et à une discipline particulière. Une association et ses chefs formaient
une loge, nom qui vient des baraques de campement,
construites en planches, que les francs-maçons élevaient
à portée de leurs travaux. Chaque loge se divisait en
décuries de dix ouvriers chacune, conduite par un décu-
rion ou inspecteur. Ces associations, autorisées par les
souverains, gratifiées de bulles d'indulgences par les
papes, passaient d'un pays dans un autre, se louaient aux
princes, aux prélats ou aux villes, pour construire les édifices et les églises des cités. Telle a été l'origine de la
Franche-Maçonnerie, dégénérée en clubs politiques et en
sociétés anti-religieuses dans le dernier siècle.

La façade de la cathédrale de Strasbourg est imposante; elle se compose d'un rapide portique comme la

plupart des façades des églises dites gothiques, disposition qui rappelait, suivant l'intention des architectes, le mystère de la sainte Trinité. Les voussures de ces portiques sont couvertes de sculptures très délicates. Les quatre grands piliers supportent des socles sur lesquels reposent quatre statues équestres, surmontées de niches. Ces statues, dont trois sont de 1291, représentent Khlodwigh, Dagoberth, Rodolphe de Hapsbourg et Louis XIV. Le second étage du portail est formé par les deux tours de droite et de gauche, et par une magnifique rose en vitraux peints, qui a cent cinquante mètres de circonférence ; elle est surmontée de niches où se trouvaient autrefois les images du Christ, de la sainte Vierge et des douze Apôtres. La partie dépendante des tours forme une galerie à jour soutenue par des colonnettes qui paraissent très minces en raison de leur grande élévation. Le troisième étage est une autre galerie surmontée d'une terrasse de laquelle part la flèche élevée sur la tour de droite, celle de gauche se termine par un petit comble qui dépasse à peine la terrasse. Cette flèche gracieuse, légère et imposante par sa hardiesse, est découpée à jour ; elle représente une pyramide octogone dont la base est accompagnée à ses quatre angles principaux de quatre tourelles hexagones, également à jour, renfermant des escaliers en spirale ; des paliers en forme de pont les font communiquer avec l'intérieur de la pyramide. Le sommet de la flèche est une suite d'étages décroissants terminés par une lanterne, une rose et une croix.

L'intérieur de l'église répond à la magnificence de l'extérieur.

La cathédrale d'Amiens a été commencée en 1220,

sous le règne de Philippe-Auguste, par l'architecte, ou maître de l'art, comme on disait alors, Robert de Luzarches; elle fut continuée par Thomas et Regnault de Tourmont (1), père et fils. Ce monument, de style oriental, est remarquable par l'unité de son ordonnance, sa grandeur et l'élégance de ses détails. La longueur totale du bâtiment est de cent cinquante mètres, la hauteur des voûtes de quarante-quatre mètres. Le portail en a cinquante de largeur; il est divisé en quatre étages. L'étage inférieur est percé de trois portiques ogives à voussures très élevées, découpées en festons extérieurement, et sculptées. Le grand portique est appelé Porte-du-Sauveur, celui de droite, Porte-de-la-Mère-de-Dieu, et celui de gauche, Porte-du-Saint-Martyr-Firmin. Ces portiques avaient cette particularité, que les figures des bas-reliefs étaient peintes et dorées. Le second étage est, comme dans tous les portails de ce genre d'architecture, fermé par les deux tours et une galerie centrale; il est dessiné en péristyle à jour, dont les colonnettes supportent des arcades ogives subdivisées par des entre-colonnements en arcs découpés en trèfles; au-dessus de cette galerie, est une suite de statues colossales au nombre de vingt-deux, placées dans autant de niches, et qui représentent les princes qui se sont succédé depuis Khildrik II jusqu'à Philippe-Auguste. Le troisième étage contient à son centre une immense rose en vitraux coloriés, divisée en nombreux compartiments du travail le plus curieux. Cet étage est surmonté d'une balustrade, à hauteur d'appui, admirablement sculptée. L'étage supérieur

____

(1) Ou Cormont.

est formé par le couronnement des tours, et par une galerie vitrée qui les unit ; la tour du côté droit est plus élevée que la gauche. Une flèche dorée s'élance, plus loin, des combles de l'église ; elle a été commencée en 1525, pour en remplacer une plus ancienne détruite par la foudre, et elle a été achevée en 1533.

L'extérieur de cette belle église est couvert d'ornements, d'arcs-boutants sculptés, de statuettes, d'enroulements, de têtes fantastiques servant de gouttières. Sur son côté méridional, il a trois portes latérales, le portail de Saint-Christophe, le portail Saint-Honoré ou de la Vierge-Dorée, et le portail du Puits-de-l'Œuvre. Le côté septentrional est engagé dans les bâtiments de l'évêché, sa partie supérieure n'est pas achevée.

On est saisi d'un profond sentiment d'admiration en pénétrant dans la grande nef de cet édifice ; l'élévation des voûtes, la hardiesse des colonnes, la légèreté des arcades frappent d'étonnement. L'intérieur est composé d'une nef, d'un chœur, d'une croisée, et d'immenses bas-côtés ornés de chapelles.

Cent vingt-six grosses colonnes supportent les voûtes. Trois grandes roses et quarante-une fenêtres principales éclairaient l'intérieur ; le chœur et les chapelles latérales ont en outre leurs fenêtres particulières. Primitivement tous les vitraux étaient peints.

On cite les stalles du chœur pour la sculpture de leurs ornements. Le grand autel, disposé à la romaine, est décoré d'un grand bas-relief doré représentant le Christ au jardin des Olives. Derrière l'autel s'élève une immense gloire rayonnante, d'un effet plein de majesté.

La cathédrale de Rouen a été achevée au XIIIe siècle par l'architecte Enguerrand ; sa longueur est de cent trente-six mètres, sa largeur, dans la croisée, de cinquante-cinq. La hauteur de la nef, sous la voûte, atteint à vingt-huit mètres. Au centre de la croisée s'élève une lanterne haute de cinquante-trois mètres, soutenue par quatre piliers, ayant chacun treize mètres de circonférence, et composés de trente colonnettes adossées. Vingt piliers semblables, dix de chaque côté, soutiennent les arcs ogives de la nef. Quatorze colonnes rondes supportent la voûte du chœur. Le vaisseau de l'église est éclairé par cent trente fenêtres, en y comprenant les roses. La façade est ornée de deux hautes tours, entre lesquelles on voit s'élever une flèche pyramidale d'un bel effet. Le portail n'a que deux étages ; l'inférieur, percé, suivant la coutume, de trois portiques, dont le médian est couvert d'une profusion de sculptures ; le supérieur en forme de galerie soutenue par des colonnettes très élégantes. Les tours se détachent du corps du vaisseau à partir du second étage, ce qui les fait paraître très élancées. L'une des tours porte le nom de Saint-Romain, l'autre, celui de Tour-de-Beurre, bizarre dénomination, qui vient de ce qu'elle fut construite avec les sommes payées par les Rouennais pour obtenir de faire usage du beurre pendant le carême (1). En 1822, la foudre incendia la flèche de la cathédrale de Rouen ; elle vient d'être reconstruite en fonte sur les dessins de M. Alavoine.

(1) Dans cette tour était la fameuse cloche Georges d'Amboise, pesant trente cinq mille livres, et la seconde de l'Europe pour la dimension. Cette cloche a été transformée en monnaie pendant la révolution.

Bourges, Chartres, Beauvais et un grand nombre d'autres villes de France possèdent de magnifiques cathédrales de style oriental.

Parmi les plus remarquables des pays étrangers, on distingue les cathédrales d'Anvers, de Vienne, de Cologne, d'Aix-la-Chapelle et de Canterbury.

La cathédrale d'Anvers date du milieu du XIIIe siècle; sa longueur est de cent soixante-six mètres, sa largeur de soixante-dix-sept; on compte dans son intérieur, deux cent trente arcades ogives soutenues par cent vingt-cinq colonnes; de chaque côté il existe une double nef. Le portail, qui n'est pas achevé, et sur lequel des maisons viennent s'appuyer, n'a qu'un seul portique : il est flanqué de deux tours, l'une très large et terminée seulement jusqu'à la première galerie, l'autre, plus svelte, haute de quatre cent quarante-trois pieds, entièrement découpée à jour et disposée en pyramide comme la tour de Strasbourg. Cette pyramide élégante, commencée en 1422, sur les plans du maître de l'art Amélius, n'a été terminée qu'en 1518.

La cathédrale de Vienne est un des plus beaux morceaux d'architecture orientale qui existe, quoique son portail soit resté inachevé; elle est ornée d'une tour dont la flèche de pierre s'élève à quatre cent vingt-quatre pieds.

L'église de Canterbury, métropole de l'église catholique anglaise, ayant été dévastée par un incendie en 1174, Robert de Sens, français, maître de l'art et chef d'une association de francs-maçons, fut chargé de la reconstruire; il se mit à l'œuvre en 1184. Le chœur de cette cathédrale est le plus vaste que l'on connaisse. Une grande cour entoure l'église, et on y pénètre par une porte d'architecture orientale, d'un beau style. Elle est percée de deux baies en ogive, l'une très élevée, l'autre beaucoup plus basse et plus étroite ; sa surface est entièrement sculptée, on remarque des deux côtés d'une longue niche surmontée d'un dais, une suite d'anges agenouillés. Des créneaux à jour couronnent l'édifice.

Le nombre des abbayes célèbres a été si considérable qu'en entreprendre la description serait une trop grande tâche ; sans parler de Cluny, de Cîteaux, de Jumièges aux ruines si pittoresques, de Saint-Riquier, etc., je m'arrêterai un instant sur l'abbaye du Mont-Saint-Michel, en France, sur celle de Westminster, en Angleterre.

L'abbaye de Saint-Michel, qui appartenait jadis aux chevaliers de Saint-Michel (1), fondée en 708, fut reconstruite en style oriental en 1022. Elle est assise sur un roc de granit à l'extrémité de la baie de Cancale, et lorsque la mer s'élance à la marée montante hors de ses limites, le roc se trouve transformé en une île de quelques pas d'étendue. L'église est la partie la plus remarquable de l'abbaye ; elle est disposée en forme de croix ; sa longueur est de vingt-trois mètres, sa largeur de cinquante, et sa hauteur sous la voûte de vingt-trois. Le grand autel est placé entre le chœur et la nef ; le retable est enrichi d'une profusion d'ornements de sculpture, et le haut se termine par une niche dans laquelle est placée une statue de saint Michel Archange, de grandeur d'homme, et couverte de feuilles d'or.

De l'église on entre dans le cloître, qui a une étendue de vingt pas carrés ; d'un côté il est accompagné de la

(1) Créés par Louis XI, en 1469.

salle des chevaliers, de l'autre d'un grand réfectoire et de ses offices. Au-dessus sont les dortoirs, l'infirmerie et la bibliothèque. Sous l'église s'étendent de profonds souterrains, transformés en cachots, les oubliettes, les galeries de Montgommery, les magasins à poudre et à boulets, et une voûte immense sous laquelle est placée la machine qui sert à hisser les provisions par-dessus une muraille de vingt-trois mètres. D'énormes piliers, placés dans ces souterrains, supportent l'église.

Aujourd'hui l'abbaye du Mont-Saint-Michel est transformée en forteresse et sert de prison d'état et de prison criminelle; de longues murailles, des fortifications et des tours l'enferment de toutes parts.

La fondation de l'abbaye de Westminster, à Londres, remonte à Édouard-le-Confesseur, vers 1061. Le 28 décembre 1065, on en célébra la dédicace, et l'année suivante, ce prince y descendit dans l'asile du tombeau. Cette abbaye succédait à une église chrétienne bâtie par Odberth, un des princes Saxons de la période de l'Heptarchie (1), sur les débris d'un temple d'Apollon. Les bâtiments actuels ont été reconstruits à diverses époques. L'église a la forme d'une croix, le cloître tient à son côté méridional; les parties les plus remarquables sont les deux tours, constructions modernes, et la porte du Nord, dite de Salomon. Cette porte a trois portiques surmontés d'une galerie, sur laquelle en règne une seconde; au-dessus est une immense rosace, puis cinq tourelles découpées à

____

(1) Heptarchie, gouvernement des sept, nom donné à la période pendant laquelle l'Angleterre fut divisée en sept principaux.

jour dont une centrale reposant sur un pignon ; deux immenses arcs-boutants qui lient les tourelles extérieures à celles du milieu, en achèvent la décoration.

La chapelle de Henri VII est un chef-d'œuvre miraculeux de patience et de sculpture ; elle est dans toutes ses parties une véritable dentelle de pierre surchargée de broderie. Cette chapelle est longue de trente mètres, et haute de dix-sept ; plus élevée que l'intérieur de l'église, on y monte par des marches de marbre noir ; elle se divise comme une cathédrale en une nef, accompagnée de deux ailes, un chœur et des chapelles. Ses portes sont de bronze ciselé, ses arceaux se courbent gracieusement en sortant de gerbes de colonnettes qui semblent jaillir de terre vers le ciel ; la magnificence de la voûte est au-dessus de toute description ; aussi un artiste l'a-t-il nommée le ciel des sculpteurs ; un autre écrivain, non moins enthousiaste, dit « qu'elle semble avoir été brodée par les doigts des anges, sous les ordres du Tout-Puissant. » On compte parmi les ornements sculptés de cette chapelle, cent vingt statues de patriarches, de saints et de martyrs, une quantité innombrable de figures d'anges et d'arabesques fantasques. Les murs, les boiseries, les stalles, les pupitres, sont chargés de sculpture, de fleurs, de feuillages, de fruits, d'animaux, de scènes qui dénotent de la part des artistes l'imagination la plus vive et la plus féconde. Des bannières aux armoiries des chevaliers du Bain décorent le pourtour de la nef, au-dessous des fenêtres dont les vitraux peints sont du plus bel effet. De nos jours l'abbaye de Westminster est un Panthéon qui reçoit les dépouilles mortelles des rois et des grands hommes de l'Angleterre.

LES HOTELS-DE-VILLE.

Lorsque les communes du moyen-âge se furent affranchies , l'industrie prit dans les grandes cités un essort considérable ; les bourgeois acquirent assez de richesses pour rivaliser avec les nobles , et quelquefois même les surpasser en luxe et en ostentation. Ce fut surtout dans l'industrieuse Flandre, que la classe commerçante obtint le plus de part aux faveurs de la fortune , et qu'elle se montra fière et jalouse des privilèges qu'elle achetait avec son or, ou qu'elle arrachait à la caste féodale, les armes à la main. Les municipalités de ces cités puissantes et populeuses , voulurent siéger dans des palais dignes de leur opulence ; elles s'adressèrent aux savants maîtres de l'art,

et les associations créées par l'exaltation de la gloire du
Tout-Puissant, passèrent à la solde des privilégiés de l'industrie. Les hôtels-de-ville appartiennent à la fin de l'é-
poque du moyen-âge, ils forment le passage des monuments du style oriental aux monuments de la renaissance, ou de la restauration de l'art antique.

L'hôtel-de-ville de Paris n'est pas un des types de ce
genre, ni un des monuments municipaux des plus anciens,
car Paris, ville royale s'affranchit par concession et non
à force ouverte ; son joug fut léger dans les temps même
les plus durs, et les grandes fortunes dans la caste bourgeoise y furent rares, car jadis Paris n'était pas une cité
industrielle du premier rang.

La classe bourgeoise de Paris fut primitivement une
association de navigateurs sur la Seine, elle s'appela :
les marchands par eau, confrérie de la marchandise,
hanse de Paris ; ses membres obtinrent le titre Frank la-
tinisé de Scabini, d'où on fit ensuite le mot échevin, et
leur chef s'appela Prévot des marchands. Lorsque Louis,
dit le Gros, eût affranchi par politique plusieurs communes, la confrérie de la marchandise de Paris, tint ses
séances réglementaires, dans une maison de la vallée de
misère, près de la place du grand Châtelet, et ce local
reçut le titre de maison de la marchandise. Transférée
quelques années plus tard dans un lieu voisin, on désigna
cette autre maison par le nom de Parlouër aux bourgeois. Le Parlouër se tint ensuite près du cloître des
Jacobins de la rue Saint-Jacques. Enfin, en 1357, la
hanse parisienne acquit sur la Grève une maison bâtie par
Philippe-Auguste, et appelée maison aux piliers, parce
qu'elle était soutenue par de grosses colonnes ; deux tou-

relles la distinguaient des logis du populaire. Elle suffit jusqu'en 1532 pour la demeure du prévot des marchands et l'assemblée des bourgeois. Mais en 1533, la hanse, considérant cette maison comme au-dessous de sa dignité, la fit abattre, et le prévot Pierre de Viole posa la première pierre de l'édifice actuel. Cependant la construction languit, les plans furent plusieurs fois changés; en 1549, Dominique Roccardo, dit Cortone, architecte italien, présenta au roi Henri II un nouveau projet qui fut adopté au détriment des anciens qui appartenaient à l'art oriental. Enfin, en 1605, le bâtiment fut achevé; il est du style dit de la renaissance. Le rez-de-chaussée est percé de deux portes latérales en arcs pleins ceintres, et d'une porte centrale carrée avec un perron, surmontée d'un tympan cintre qui contient un bas-relief en bronze sur fond de marbre noir, représentant Henri IV à cheval. L'ordonnance de la façade, est un bâtiment central flanqué de deux pavillons; un campanille décore le milieu de cette façade qui est percée de treize fenêtres accompagnées de niches.

Deux perrons, l'un extérieur, l'autre faisant suite à un vestibule, conduisent dans la cour de l'hôtel-de-ville, cour qui est entourée d'arcades, dont une ornée de colonnes d'ordre ionique en marbre avec base et chapiteaux de bronze, surmonte une statue de Louis XIV.

Les salles intérieures sont vastes et bien ornées; on remarque surtout la salle du trône, terminée à ses deux extrémités par deux vastes cheminées soutenues par des cariatides; la salle du zodiaque, qui doit son nom à ses peintures et à ses bas-reliefs; la salle Saint-Jean soutenue par deux colonnes; enfin, la bibliothèque qui renferme une grande quantité de volumes, et qui est ouverte au public.

L'hôtel-de-ville de Bourges est célèbre à plus d'un titre, car non-seulement elle appartient aux monuments du moyen-âge les plus curieux, mais encore à sa fondation se rattache le nom de l'illustre et infortuné Jacques Cœur, argentier de Charles VII. Cœur s'étant élevé par son industrie et sa vaste intelligence commerciale d'un rang assez humble (1) à la fortune la plus colossale de son époque, fit construire cette maison pour lui servir d'hôtel, on la considérait alors comme la plus belle et la plus magnifiquement ornée du royaume. Les richesses de Jacques Cœur devinrent trop considérables pour ne pas exciter la cupidité et l'envie, les dignités auxquelles le roi l'avait élevé blessaient aussi les habitudes de l'aristocratie féodale. Ses ennemis profitèrent de son éloignement pendant qu'il remplissait les fonctions d'ambassadeur à Lausanne, pour l'accuser de trahison auprès du faible Charles VII, et un tribunal présidé par Antoine de Chabannes, comte de Dammartin, son ennemi irréconciliable, le condamna à mort, sans aucune espèce de preuve de culpabilité. Le roi, comme par reconnaissance et surtout d'après les sollicitations du pape, commua cette sentence inique en une peine non moins injuste : la confiscation des biens, le bannissement perpétuel et l'amende honorable des crimes qu'il n'avait pas commis. L'infortuné mourut dans l'île de Chio, à la tête d'une flotte armée contre les Turcs, dont le pape Calixte III lui avait confié le commandement. En 1682, le maire et les échevins de Bourges

(1) Il était fils d'un orfèvre de Bourges.

achetèrent la maison de Jacques Cœur pour en faire leur
hôtel-de-ville. On y entre par un double portail ogive
sculpté, au-dessus duquel se trouve la chapelle, dont la
fenêtre à compartiments sculptés, contient une vaste fleur
de lys en pierre. La voûte de la chapelle est peinte et
sculptée avec un goût merveilleux. Une tour assez élevée
contenant l'escalier, lui est accolée. Tous les appartements
intérieurs sont ornés de sculptures et des armoiries du
fondateur.

Saint-Quentin possède un hôtel-de-ville bâti en 1509,
dont les détails de sculpture sont extrêmement curieux.
Ce monument est lourd, on voit qu'il n'appartient plus
à l'âge pendant lequel le style oriental conservait son
élégance, les bonnes traditions se perdaient alors; mais
il a une originalité satirique pleine de verve dans les
figures dont l'artiste a surchargé les chapiteaux, les mou-
lures et les corniches. Ici un pilier prismatique, d'où
s'élancent en gerbes les arêtes des voûtes, a pour chapiteau une vieille accroupie, comme une sorcière au sabbat,
sur des feuilles qui se déploient en volutes; rien n'est
plus grotesque que sa figure ridée, aux yeux sataniques
retranchés derrière d'énormes lunettes; là des moines à
tête de renard et de grenouille, sont placés dans des chai-
res; d'un autre côté une scène de vendange se déroule
sur la surface de plusieurs chapiteaux accolés ailleurs,
ce sont des diables tourmentant des femmes et des soldats;
plus loin, des anges à la figure calme et pleine de charme
qui descendent du ciel, puis des monstres fantastiques
bizarrement groupés dans de légers feuillages, au centre
des rinceaux, et au milieu d'arabesques capricieux. La
grande salle, dite des conseils, est entièrement décorée

dans ce goût. L'inscription indiquant la date de la construction, placée sur un des piliers de la façade et faite par un chanoine de la ville (1), n'était pas moins singulière que les ornements de l'hôtel ; la voici :

D'un mouton et de cinq chevaux

Toutes les têtes prendrez	MCCCCC
A icelles, sans nuls travaux ,	
La queue d'un veau joindrez ;	V
Et au bout ajouterez	
Tous les quatre pieds d'une chatte.	IIII
Rassemblez et vous apprendrez	
L'an de ma façon et ma date	MCCCCCVIIII
	(1509).

Cette inscription, gravée sur cuivre, fut enlevée par les Espagnols, lorsqu'ils s'emparèrent de cette ville, en 1557.

C'est dans la Belgique que les hôtels-de-ville du moyen-âge brillent de tout leur éclat ; en effet, ce fut dans cette contrée que le mouvement d'affranchissement des communes eut le plus d'intensité. Les villes de Flandre, enrichies par une active industrie, possédant d'immenses richesses, ne purent supporter longtemps le joug féodal ; avides de liberté, désirant se donner des constitutions démocratiques à l'instar des républiques commerçantes de l'Italie, avec lesquelles elles étaient liées par des rapports commerciaux, les cités flamandes prirent les armes, s'insur-

(1) Charles de Bovelle.

gèrent contre les seigneurs, et prodiguèrent leur sang dans plus d'une bataille pour obtenir les droits qu'elles ambitionnaient et les conserver. Cependant les bourgeois flamands ne réussirent qu'à demi dans leur entreprise ; les comtes de Flandre, soutenus par les rois de France, gardèrent une autorité non moins nominale. Dans l'enivrement de la victoire, les cités de Gand, d'Ypres, d'Anvers, de Bruges, de Louvain, de Bruxelles, etc., consacrèrent des sommes considérables à élever des hôtels-de-ville, monuments triomphaux attestant et leur valeur, et la défaite de l'aristocratie féodale, et l'étendue des priviléges dont elles étaient si fières. Priviléges qui devaient se briser quelques siècles après sous le sceptre de l'étranger.

De ces hôtels orgueilleux, nous ne décrirons que celui de Louvain, le type et le chef-d'œuvre du genre. Cet édifice est à trois étages sous les combles, et à quatre au-dessus ; les quatre angles sont ornés d'élégantes tourelles entre lesquelles s'en élève une troisième à chaque pignon, à partir des créneaux ; elles se terminent en flèche à jour et sont entourées de deux galeries également sculptées à jour et d'une excessive délicatesse. Les tourelles des pignons ont trois galeries, elles sont plus élevées que les tourelles des angles. On entre dans l'édifice par un perron sur lequel s'ouvrent deux portiques. Les deux façades ont dix fenêtres de face à chaque étage, les pignons en ont trois ; ces fenêtres sont en ogive, à plusieurs voussures, ornées dans les entre-deux de niches sculptées Au-dessous des combles règne un cordon de créneaux sculptés à jour ; les arêtes des combles sont entourées de festons de pierre qui couronnent l'édifice avec harmonie. L'aspect de ce monument est aussi gracieux qu'imposant. L'intérieur renferme de vastes et magnifiques salles.

L'hôtel-de-ville de Bruxelles est construit dans le même style que celui de Louvain ; son bâtiment principal est flanqué de cinq tourelles hexagones et surmonté d'un beffroi haut de cent vingt-deux mètres, couronné par une statue de Saint-Michel, en cuivre doré, de six mètres de proportion, qui tourne sur pivot au moindre vent. La construction de cette tour date de 1445.

Hormis les trois ordres de monuments dont je viens de parler, le moyen-âge n'a rien produit de remarquable ; en architecture les maisons particulières, à l'exception d'un nombre très limité, étaient petites, mal construites et peu commodes. La Flandre seule perfectionna l'architecture domestique dans le moment de sa grande prospérité, et les riches bourgeois se construisirent quelques demeures vastes et bien décorées ; mais la France et l'Allemagne restées en dehors du grand mouvement industriel, n'eurent que des villes à rues sombres, étroites et malsaines. Les hôtels même des seigneurs, dans ces villes, étaient mesquins et pauvrement ornés. L'âge de la renaissance donna une plus heureuse impulsion ; on posa en principe que les productions de l'antiquité étaient le type du beau, et on chercha dans toutes les branches des arts à les imiter. La magnificence des souverains de cette époque fit surgir une foule d'artistes, elle engendra le luxe, donna un nouvel essor à l'industrie et au génie, et devint la cause des améliorations progressives qui se sont manifestées dans le bien-être matériel de tous les rangs de la société.

L'ARCHITÉCTURE ORIENTALE EN ESPAGNE.

L'Espagne arabe fut, pendant le moyen-âge, la grande
école d'architecture de l'Europe occidentale ; les premiers
maîtres de l'art qui initièrent les Occidentaux à la science
de tailler la pierre et d'élever des monuments à l'instar
de ceux de l'Orient, ont été des Arabes de Grenade et de
Cordoue ; ainsi, parmi les constructeurs de la cathédrale
de Paris, nous avons mentionné des Arabes. Les croisés
revenus d'Asie en rapportèrent le goût des constructions
élégantes de Jérusalem, du Caire, de Damas et de Bagdad ;
la célébrité dont jouirent bientôt les palais de l'Alhambra,
du Xénéralif et la mosquée de Cordoue, les merveilles

que l'on racontait des somptueuses demeures des Musulmans, maîtres des belles cités espagnoles, excitèrent les comtes et les barons revenus de la Terre-Sainte à s'adresser aux infidèles pour élever des édifices chrétiens, qui pussent rivaliser avec les maisons de prière du culte mahométan.

Grenade, sous la domination des Maures, devint une riche et populeuse cité; elle comptait quatre cent mille habitants renfermés dans la vaste enceinte de ses murs défendus par mille tours d'une structure admirable. Le palais des souverains de Grenade, assis sur une montagne élevée, dans une position pleine de charmes, se nommait Alhambra, c'est-à-dire le Rouge, à cause du sol argileux et ferrugineux de ses jardins. Les fortifications qui l'entouraient le rendaient inexpugnable. Une rampe douce et sinueuse ombragée de beaux arbres, embellie à son centre par une fontaine de jaspe, entourée de statues lançant des jets d'eau, conduisait à la porte du palais, porte d'une hauteur prodigieuse, en arcade ogive, et ornée d'arabesques; au-dessus on voyait une clef sculptée sur le marbre, et plus haut une main également en relief, sorte d'hiéroglyphe, indiquant que les infidèles s'empareraient du palais des rois, lorsque cette main aurait saisi la clef. Le bâtiment de l'Alhambra, orné de portiques aux colonnes sveltes et gracieuses, de galeries aux colonnades légères, de cours entourées d'arcades et pavées de marbres précieux, de salles rafraîchies par des fontaines d'albâtre et de jaspe aux eaux jaillissantes, chargées d'ornements frais et délicats, semblait avoir été créé par la puissance d'un de ces génies si poétiques des contes orientaux. La cour des lions et celle des bains surtout étaient d'une magnificence presque naturelle. Toutes les voûtes de leurs galeries sont découpées à jour, avec tant de hardiesse et de délicatesse, qu'on ne comprend pas comment elles ont pu résister jusqu'aujourd'hui au poids des siècles. La cour des lions est entourée d'un portique soutenu par cent dix-sept colonnes d'albâtre. Au milieu de son enceinte, on voit une fontaine dont l'immense vasque de marbre blanc, d'une seule pièce, a pour support douze lions accroupis.

Le Xénéralif est un second palais situé au-dessus de l'Alhambra, dans lequel les rois arabes allaient passer le printemps; il était surtout renommé par la beauté de ses jardins, par la fraîcheur de ses bosquets qu'embellissaient des eaux limpides des bassins et des fontaines. Une mosquée fort belle se trouvait dans son enceinte.

La magnifique mosquée de Cordoue a été construite en 770, par Abdarrhamon (Abdérame); les Arabes d'Espagne la vénéraient à l'égal de la célèbre Kaabah de la Mecque. Elle a la forme d'un carré de cent quarante-sept mètres de largeur sur deux cent sept de longueur. Sa voûte majestueuse, à deux rangs d'arcades, est soutenue par huit cent cinquante colonnes de marbre, de porphyre et de granit, alignées en quinconce, et ornées de chapiteaux les plus élégants. Cordou, sous les Arabes, comptait trois cent mille habitants. Séville avait aussi un palais magnifique nommé Al-khasar, où les marbres, les stucs, les galeries, les salles aux murs bordés de sculptures découpées à jour, les jardins excitaient l'admiration. L'Espagne a été un des éléments civilisateurs du moyen-âge, un foyer de lumière qui a dissipé une partie des ténèbres de la barbarie teutonique; elle a remplie sa mission

dans ces siècles étranges, elle a ouvert ensuite une
carrière nouvelle à l'industrie des temps modernes en dé-
couvrant d'importantes routes commerciales et un monde
nouveau ; son rôle est achevé, son importance à venir
ne sera jamais que secondaire, car il n'y a pas encore
eu d'exemple qu'un peuple se soit placé deux fois à la tête
du mouvement social.

TEMPS MODERNES.

TEMPS MODERNES.

LA CHINE.

En parlant des monuments de l'antiquité, je vous ai dit, mes enfants, que les Chinois semblaient ne s'occuper que du jour où ils vivent ; ils sont tout au présent, l'avenir ne les intéresse pas, les générations futures ne comptent pour rien dans le céleste empire ; aussi, n'y voit-on pas de ces somptueux édifices d'utilité publique qui annoncent une longue prévoyance, ni de ces solides constructions privées que l'on élève pour les transmettre en héritage à ses arrière-neveux. Il y a donc bien peu

de choses à dire sur les palais et les temples Chinois.
Les *Tas*, ou tours élevées sur quelques collines, l'habitation de Ming-Yuen, les murs de Pékin et de la
Grande-Muraille, sont les seuls édifices dignes d'être
cités.

Les Tas sont des tours tantôt rondes, tantôt carrées,
hexagones ou octogones, hautes de cent vingt à cent
soixante pieds, larges de vingt-cinq à quarante sur chaque façade de la base; ordinairement bâties sur le sommet de montagnes. Ces tours ont plusieurs étages en
nombre impair, cinq, sept, ou neuf. Chacun de ces étages
entouré d'une galerie et d'un toit en saillie relevé par
ses angles, diminue toujours en largeur du premier
étage au dernier. Les Chinois, nos contemporains, ignorent par qui et dans quel but ces édifices ont été bâtis. Il
est probable, vu leur hauteur et leur position sur des
montagnes qui dominent les contrées circonvoisines, que
leur destination a été de donner des signaux d'avertissement. Une de ces tours, que le temps commence à dégrader, se trouve dans la ville de Tang-Chou-Fou; elle est
construite en briques cuites et composée de onze étages.
Le premier étage est très vaste, de même que le second,
mais il ne contient pas d'escalier, et n'a ni portes ni
fenêtres; les huit autres sont semblables; s'il y a une entrée elle doit être souterraine. La tour de porcelaine de
Nang-King appartient à la même classe d'édifices; elle
est octogone et à neuf étages, chacune de ses faces a
treize mètres de largeur. Le mur a quatre mètres d'épaisseur au rez-de-chaussée et trois au sommet; il est
en briques cuites, incrustées à l'extérieur de plaques de
porcelaines d'une pâte assez grossière. L'escalier pratiqué

dans l'intérieur est très étroit, ses degrés ont dix pouces de hauteur. Chaque chambre est ornée de peintures, de dorures et de vernis très brillants. La tour repose sur un soubassement; on entre dans le vestibule ou rez-de-chaussée par vingt-quatre portes, trois sur chaque face du monument; le toit des différents étages est relevé aux angles qui se terminent en têtes de dragons auxquelles de petites cloches sont suspendues; du sommet de la tour s'élance un mât entouré d'ornements en forme de disques, et terminée par une boule dorée très volumineuse; huit bandes de fer tournées en volutes s'attachent par une extrémité aux angles du toit et par l'autre sous la pomme du mât. L'élévation totale de tout l'édifice est de plus de soixante-sept mètres.

Le palais de Yuen-Ming-Yuen, nom qui veut dire, en chinois, jardin rond et resplendissant, est une des merveilles de la Chine septentrionale. L'ambassadeur anglais, lord Macarthey, le décrit en ces termes: « Le palais est composé d'un grand nomre de bâtiments dispo-sés avec une grandiose symétrie et séparés par des cours, des jardins et des parterres. Les façades de ses construc-tions resplendissent d'or, de vernis et de peintures. La Chine, le Japon et l'Europe, se sont cotisés pour en orner l'intérieur. Tous les présents des ambassades, tous les articles de luxe indigène, sont étalés pêle-mêle dans la grande salle d'audience. Cette salle est bâtie sur un massif en pierre qui la tient élevée au-dessus du sol, et ses toits singulièrement projetés, sont soutenus par des colonnes en bois qui séparent les croisées à ogives orientales. Les jardins de ce palais sont encore plus admirables que ses constructions. Sur une surface de

soixante mille arpents, des montagnes, des lacs, des rivières, ont été créés par la main des hommes. C'est
une nature factice, mais travaillée tellement en grand,
qu'on en est saisi d'admiration. Ces montagnes sont couvertes d'arbres à fleurs ; ces rivières coupées de tant de
ponts bizarres, portent des barques élégantes et somptueuses, ces lacs fourmillent d'îlots verdoyants. Çà et
là, au milieu de cette nature fleurie ou feuillée, se
montrent perchés au faîte des rocs transportés à grands
frais, ou assis sur la pelouse, des kiosques, des belvédè-
res, des tours de porcelaine, des arcs de triomphe ; on
les compte par milliers. Chaque vallon a sa maison de
plaisance, ou plutôt son palais ; deux cents palais en tout.
Chaque palais a son frontispice à colonnade, sa charpente dorée et vernissée, ses toits couverts de briques
vernies, rouges, jaunes, bleues, vertes et violettes, figu-
rant des dessins plus bizarres que gracieux. Le marbre, la
brique, le cèdre, ont été tour-à-tour employés dans ces
bâtiments. Le plus beau d'entre eux, situé au milieu d'un
lac artificiel, d'une demi-lieue de diamètre, est bâti sur
une île de rochers. C'est un palais admirable, qui a cent
pièces fastueusement ornées ; et l'exécution en est si belle,
que le goût européen lui-même, est forcé de l'admirer. »

La grande muraille de la Chine, dont je parlerai ici,
appartient, non aux temps modernes, mais aux derniers
siècles de l'antiquité. C'est l'ouvrage de fortification le
plus incroyable et le plus inutile qui ait jamais été exécuté. Il fut entrepris par l'empereur Tsin-Chi-Hoang-Ti,
l'an 214 avant Jésus-Christ ; par les ordres de ce monarque, le tiers de la population chinoise dut sortir de ses
foyers, pour élever ce rempart, et mettre le céleste

empire à l'abri des incursions des Tartares, ce qui ne les empêcha pas d'y pénétrer aussi souvent qu'ils le voulurent et d'en faire la conquête. Cette muraille extraordinaire se développe sur une longueur de six cents lieues; elle parcourt les vallées, gravit les montagnes les plus escarpées, se double quelquefois, s'étend en manière de citadelle et se hérisse de vingt-cinq mille tours. Sa hauteur moyenne est de huit mètres, son épaisseur de cinq. Elle commence à l'extrémité occidentale de la province de Chen-Si, et se termine sur les bords du golfe de Lao-Tong, à l'extrémité orientale de la province de Pé-Tché-Li.

Barrow, dans la relation de l'ambassade de lord Macarthey, établit le calcul suivant : « Cette muraille est si énorme, que les matériaux de toutes les maisons d'Angleterre et d'Ecosse, portées au nombre d'un million huit cent mille, et estimées, l'une dans l'autre, à six cent soixante-sept mètres cubes de maçonnerie chacune, ne font pas l'équivalent de sa masse. Je ne comprends pas même, dans ce calcul, les grandes tours saillantes. Ces tours seules, en supposant qu'il y en ait dans l'étendue de la muraille, à la portée de l'arc l'une de l'autre, contiennent autant de maçonnerie en briques ou en pierres qu'il y en a dans toute la ville de Londres. Pour donner une idée de la masse de la grande muraille, je dirai que les matériaux qu'elle contient seraient plus que suffisants pour bâtir un mur qui ferait deux fois le tour du globe, et qui aurait deux mètres de hauteur et deux d'épaisseur. »

Des monuments religieux bouddhistes ou brahminiques, tels sont encore les édifices que l'Inde moderne élève, tant il est vrai que sa civilisation reste immuable. Parmi eux je citerai le temple de Borobodo, dans l'île de Java. La fondation de cet édifice remonte entre l'an 800 et 900 de notre ère. Le temple de Borobodo domine une colline conique, il est vaste, élevé, composé de sept enceintes de murailles, dont la plus extérieure est la plus basse, et la plus intérieure, la plus haute, ce qui est dû, en partie, à la disposition du terrain. La façade extérieure de chaque muraille est sculptée et ornée de niches contenant une statue de Bouddha; on compte quatre cents de ces niches. Le sanctuaire est un dôme immense entouré de trois cercles de tours terminées en dômes, et au nombre de soixante-douze. L'édifice, vu de loin, ressemble à une pyramide à base très large ; sa hauteur est de trente-trois mètres. Chaque niche est à plein-cintre, ornée d'un fronton sculpté soutenu par deux colonnes engagées, composées de tambours alternativement inégaux en hauteur et en largeur ; les plus courts sont plus larges que ceux qui ont plus de hauteur. Au lieu de chapiteaux, ces colonnes ont une figure de singe accroupie, les bras étendus comme pour supporter le fronton, dont les ornements ne sont pas moins bizarres ; des arcades pleins-cintres, avec une petite colonne sans chapiteau, au milieu de chaque arc, servent de décoration au mur entre les niches. Ce beau monument est consacré au culte de Bouddha.

Rangoün, ville de l'empire Birman, tombée au pouvoir des Anglais en 1825, est ornée d'une magnifique pagode Bouddhiste. Elle est élevée sur une terrasse où l'on parvient par un vaste et beau perron de cent marches ; une large et belle avenue fait suite au perron et conduit au sanctuaire. Le temple est doré extérieurement, il a la forme d'une immense cloche, surmontée d'une aiguille parfaitement ciselée. Autour de ce monument singulier se dressent trente-sept chapelles pyramidales surmontées chacune d'une flèche, détachées les unes des autres et disposées en avenue. La base du grand sanctuaire est taillée en degrés ; on entre dans son intérieur par le portique le plus singulier qui existe, il figure une gueule d'animal ouverte, au fond de laquelle est assise la statue de Bouddha. Au-dessus est un fronton triangulaire surmonté d'un double toit surchargé d'ornements extraordinaires et terminé par une flèche. L'intérieur du sanctuaire est soutenu par une multitude de piliers. Des animaux fantastiques, représentant des rhinocéros, des tigres à têtes de femmes coiffées d'une pyramide, des mélanges de corps de bœufs et de têtes humaines décorent l'avenue du temple de Rangoün.

Il faut, en quittant Rangoün, traverser tout l'Indoustan pour arriver en Perse, sans rencontrer d'édifice moderne qui mérite d'être cité. La seule ville de Calcutta, dans ce long trajet, attire les regards, moins encore par la beauté de ses édifices que par sa richesse et le développement prodigieux qu'elle a pris. Calcutta compte aujourd'hui sept cent mille habitants ; il y a cinquante ans, ce n'était qu'un misérable village baigné par les eaux dormantes d'un marais. Cette ville est assise sur le Hougly, on la divise en ville noire ou indienne, et Chowringi ou cité européenne. La première possède des temples dédiés à Wischnou et à Chiva, et des mosquées, constructions d'un mauvais goût. Le quartier européen est une image de Londres et de Paris, dont les principaux édifices sont la cathédrale, le palais de l'évêque anglican et celui du gouvernement ; ils sont assez imposants comme masses, mais lourds et sans élégance.

Ispahan, capitale de la Perse, a été une des plus belles villes du monde. Le palais est un des plus vastes édifices connus. L'entrée principale du palais se nomme Aly-Capi (porte sublime et sainte), on ne la franchit jamais à cheval, elle est un asile sûr pour le criminel qui parvient à la toucher, et il est reçu dans un pavillon voisin. Cette porte est suivie d'une allée de platanes conduisant à une vaste cour entourée de bâtiments où se fabriquent tous les ustensiles dont on se sert dans le palais. Une de ces salles servant de cellier est d'une rare beauté ; son plancher s'élève à deux tiers de mètres au-dessus du sol d'un jardin ; elle forme un carré long, voûté, terminé à l'une de ses extrémités par deux portiques. Au centre est un bassin de porphyre d'où s'élance une gerbe d'une eau limpide. Le pourtour des murailles jusqu'à trois mètres de hauteur est revêtu de jaspe précieux. Au-dessus de ce revêtement, la muraille est creusée en une multitude de niches où sont déposés des vases de cristal, d'albâtre, de jaspe et d'ambre jaune, contenant les vins les plus précieux. Les appartements du palais, semblables à ceux de la résidence chinoise de Yuen-Min-Yuen, sont des bâtiments isolés au milieu de jardins ; le plus somptueux est la salle du trône que les Persans appellent Tchil-Minar, quarante colonnes, quoiqu'il n'y en ait que dix-sept, parce que chez eux quarante signifie beaucoup.

Le harem est dans un de ces jardins ; il se compose d'un grand nombre de bâtiments ceints d'un mur très élevé, environnés de corps-de-garde ; il est précédé d'avenues et de salons. Les paradis, mot persan qui signifie jardin, ont plus d'une lieue de tour, ils réunissent tout ce qui peut flatter les sens et plaire, comme fontaines, cascades, bosquets, parterres fleuris, pelouses embaumées, verger, berceaux de verdure, ombrage épais, grottes, pavillons élégants, volières remplies d'oiseaux rares au brillant plumage. Quatre corps de logis principaux forment le harem. L'un se nomme Divan des miroirs, parce que les murs sont entièrement revêtus de glaces ; le second s'appelle la Mer royale, à cause d'un grand bassin de marbre blanc, renfermant une île ornée de fleurs. L'azur, l'or, l'ivoire, brillent dans chaque appartement du harem; les plafonds sont en bois de sandal, les parquets en bois précieux et odoriférants. Ce qu'il y a de plus extraordinaire dans ce séjour enchanté, c'est le salon des cascades, il est formé de trois étages de galeries soutenues par des colonnes, et a pour murailles quatre nappes d'eau, qui tombent d'un canal percé d'une multitude de trous, canal pratiqué sur la terrasse supérieure du bâtiment. L'habitation du Schah, ou roi de Perse, est voisine du harem, c'est un magnifique édifice à deux étages, renfermant un grand appartement et trente petits. Ce palais a plus d'une lieue de tour.

La ville royale de la Perse est défendue par une citadelle d'environ trois mille pas de circonférence, formant un carré irrégulier, environné de hautes murailles d'une épaisseur prodigieuse, crénelées et fortifiées de tours et de fossés. Une de ces tours, dite des quarante filles, passe dans l'esprit du peuple pour être habitée par des Djinns ou génies qui prennent la figure de jeunes filles. La tour principale, nommée Nazin-Khoné (magasin de garde) contient le trésor royal réparti dans trois salles. La première renferme de riches armes de toutes espèces, damasquinées en or et en argent. La seconde est remplie de curiosités et de meubles précieux venant d'Europe. La troisième contient la vaisselle d'or, les pierres précieuses, les joyaux et les diamants.

Sur la grande place d'Ispahan, se trouve le bazar qui en forme le principal ornement. On y entre par une magnifique porte triomphale, surmontée d'un dôme dont les peintures représentent les victoires de Schah-Abas. Les boutiques du bazar sont meublées avec luxe; les murs tout incrustés de marbre et de jaspe, là se vendent des pierres précieuses, des brocards d'or, des tapis admirables, des schalls kachmyr et les produits des plus vantés de l'Inde et de l'Orient. Une foule de mosquées et de caravansérails embellissent encore cette ville toute de luxe.

Il est généralement reconnu que Constantinople est la
ville la plus admirablement située de l'univers ; sa position sur les limites de l'Europe et de l'Asie, son port
admirable qui commande l'entrée de la mer Noire et en
est la clé, son ciel pur, son climat heureusement tem-
péré, l'avaient évidemment destiné à devenir la métropole
d'un puissant empire. Cette ville a eu pour commence-
ment une bourgade de slaves Thraces, nommée Lygos,
que des Mégariens de l'Attique colonisèrent en 658 avant
Jésus-Christ, et nommèrent Byzance en l'honneur de
Bizas, leur chef. Lorsque Constantin, frappé de l'avantage de sa position, y transporta le siége de l'empire, on

lui donna le titre de Nea Roma, nouvelle Rome et de Konstantinoupolis, ville de Constantin], dénomination qui prévalut sur la première. Les Turks, après avoir planté sur ses murs l'étendard du croissant, l'appelèrent Estamboul, Konstantinié et Islamboul. Le premier nom provient d'une erreur : les soldats turks entendant dire aux paysans grecs es tan bolin (1) (nous allons à la ville), prirent ces mots pour un nom propre ; le second est une altération de Konstantinoupolis, et le troisième, moitié turk, moitié dorien, signifie ville de la religion (Islam, religion; boul, de bolis, ville).

On ne peut approcher de Constantinople sans éprouver de vives émotions ; les souvenirs historiques, l'aspect du paysage soulèvent les idées les plus opposées ; l'âme ressent une tristesse profonde, et cependant la belle nature qui l'impressionne, la dispose à des sensations toutes différentes. Constantinople s'étend en amphithéâtre sur plusieurs collines ; ses maisons, ses minarets aux flèches aiguës, entrecoupent gracieusement les masses de verdure produites par les nombreux jardins qui entourent chaque habitation distinguée. Les belles eaux du Bosphore couvertes de barques et de navires la réflètent, comme le ferait le miroir du plus pur cristal ; Scutari, Galata, Pera, Saint-Dimitri, s'étendent autour du port et des rivages de la mer Marmara ; des collines boisées limitent les derniers plans de cet imposant panorama, et dans l'horizon on voit apparaître les cimes neigeuses du Mont-Olympe. Intérieurement, la ville ne répond pas à la mag-

_____

(1) Les Constantinopolitains qui étaient Doriens d'origine prononçaient bolis pour polis (ville).

nificence de ses abords , les rues sont étroites , sombres ,
les maisons presque toutes de bois ont une mesquine
apparence , cependant plusieurs monuments se font dis-
tinguer par leur masse et leur étendue. Sainte-Sophie , sa
principale mosquée , est le plus beau de ses monuments,
autrefois église chrétienne , fondée par Justinien et consacrée à la sagesse divine , ne doit sa célébrité qu'à la
pauvreté de l'architecture des édifices élevés par les Turcs.
Sainte-Sophie appartient évidemment à une époque où
le bon goût était en décadence. Elle a néanmoins un
dôme qui rivalise avec celui de Saint-Pierre de Rome ,
construit , dit-on, en pierre ponce. Les mosquées qui tien-
nent le second rang après Sainte-Sophie , sont celles de
Solimanié, du sultan Achmed et de la sultane Validé.

La mosquée d'Achmed date de l'an 1610 de notre ère ,
elle porte le nom de son fondateur , qui y travaillait tous
les vendredis. Elle est environnée d'un mur extérieur,
percé d'un portique correspondant à l'axe du monument ;
l'intérieur de son enceinte forme une vaste place. Un
second portique, surmonté d'un dôme, donne entrée dans
le parvis fermé de toutes parts par des bâtiments peu élevés
surmontés de petits dômes, et qui servent de logement
aux Imans et d'hospices pour des indigents. De ce parvis
on passe dans une seconde cour carrée qui a trois portes
et trois perrons ; la mosquée proprement dite s'élève au
milieu. Devant l'entrée du temple est une fontaine de
marbre pour les ablutions , une galerie à colonnade entoure cette dernière enceinte. Un vaste portique conduit
dans le temple, il est fermé par des portes en cuivre
ciselé. L'intérieur de la mosquée est carré, les murs sont
peints à fresque, des tablettes dorées chargées de sentences

tirées du Coran sont suspendues de tous côtés. Une vaste coupole couronne l'édifice, elle est soutenue par quatre piliers de marbre, hauts de vingt mètres et de quinze mètres de circonférence, cannelés et partagés par une astragale. Ce dôme est accompagné de quatre demi-dômes plus bas, dorés et supportant des croissants. Le pavé est en marbre blanc. La toiture est couverte en plomb et dorée. Six minarets d'une hauteur prodigieuse, reposant sur des bases carrées, accompagnent les côtés de l'enceinte extérieure; ils ont trois galeries travaillées à jour et se terminent en flèches. Cette réunion de grandes et de petites coupoles produit un effet désagréable, et la hauteur des minarets les fait paraître minces et disproportionnés en raison de la lourde masse de l'édifice.

Le sérail ou harem a un aspect assez agréable du côté du Bosphore, dont les flots baignent les murs de ses jardins. Mais intérieurement, c'est un labyrinthe de bâtiments détachés, construits sans goût; le palais du harem consiste en un pêle-mêle de pavillons, de casernes, de prisons, de kiosques et de jardins enfermés d'épaisses murailles. Constantinople, parmi ses édifices publics, compte six cents mosquées, cent trente bains publics, cinq cent dix-huit medressed ou écoles religieuses et littéraires, et trente-cinq kutabchans ou bibliothèques publiques.

L'Italie moderne n'est pas moins riche en monuments que l'Italie antique; Rome surtout, Rome la ville chrétienne, la capitale du monde catholique, compte presque autant d'églises qu'elle comptait de temples païens aux temps de la domination impériale. Saint-Pierre, le chef-d'œuvre du grand Michel-Ange, surpasse en grandeur et en magnificence tout ce que les temps modernes ont produit.

Saint-Pierre est situé au pied du Mont-Vatican, là où s'étendaient autrefois les jardins de Néron et la voie triomphale. En 323, Constantin-le-Grand jeta les fondements de cette église métropole de la chrétienté. Il fallut la reconstruire en 1447. Le pape Nicolas V, chargea Bernard Rosselini d'en faire les dessins. Ce pontife étant mort en 1455, les travaux discontinuèrent; Paul II les reprit momentanément en 1464. Jules II, élu en 1502, pontife d'un génie élevé, propre aux grandes entreprises, adopta un nouveau plan, dont le célèbre architecte Bramante était l'auteur; la première pierre fut posée le 18 avril 1506. Les travaux marchèrent rapidement, tant que vécut Nicolas V, mort en 1513; Bramante le suivit dans la tombe l'année d'ensuite. Après une nouvelle interruption, Léon X fit venir de Florence pour continuer le monument, Giuliano de san Gallo, et lui associa Giocondo da Verona et Raphaël, qui, jugeant les fondations peu solides, les firent reprendre en sous œuvre. San Gallo mourut en 1517, Raphaël en 1520. Léon X confia la poursuite de l'entreprise à Balthazar Peruzzi, qui composa un nouveau plan plus simple que celui du Bramante. La mort de Léon X, les troubles du pontificat de Clément VII, empêchèrent d'apporter dans cette construction la même activité qui y avait régné jusqu'alors, elle languit encore pendant les premières années de Paul III. Enfin, Michel-Ange, chargé de reprendre l'exécution des plans, les modifia, et en arrêta un nouveau dont on ne s'est que légèrement écarté. Il conserva au temple la forme d'une croix grecque, et augmenta son étendue, il résolut d'élever l'étonnante cou-

pole qui le couronne, et de lui donner pour entrée un
portique dans le goût de celui du Panthéon d'Agrippa.
Après avoir travaillé sous cinq papes à l'exécution de son
plan, cet illustre artiste mourut en 1563. Barrozio, dit
Vignola, Giacobo Dellaporta, Carlo Materno, le Bernin,
eurent la gloire de succéder à Michel-Ange. Carlo modifia
les dessins et préféra les lignes de la croix latine à celles
de la croix grecque. La coupole fut terminée sous le
pontificat de Sixte-Quint, et le Bernin acheva les travaux sous Urbain VIII. On estime que la dépense totale,
depuis les premier travaux jusqu'à l'entier achèvement,
monte à 250 millions.

Le Bernin entoura la place, qui sert de parvis à l'é-
glise, d'une colonnade elliptique, surmontée de cent
quarante statues; au milieu s'élève l'obélisque d'Héliopolis,
à droite et à gauche sont deux fontaines jaillissantes, dont
les eaux sont reçues dans de vastes bassins de granit.
La façade de Saint-Pierre de Rome est élevée sur un
perron composé de trois rampes; elle est formée d'un
grand ordre corinthien, surmonté d'un attique. Ce portail
est de Carlo Maderno; il est percé de fenêtres, orné de
statues placées dans les niches, et il en supporte d'autres
sur son couronnement. Cinq portes s'ouvrent sur les cinq
nefs intérieures; celle du milieu est de bronze et d'un
travail achevé. La première porte à droite se nomme la
Porte-Sainte; elle ne s'ouvre que dans l'année du Jubilé,
et reste murée dans l'intervalle.

La coupole commence par un soubassement à pans, sur
lequel est un autre soubassement circulaire couronné
d'une très belle corniche. De là s'élève un piédestal, qui
porte un ordre corinthien surmonté d'un attique, sur

Cathédrales et Châteaux.   5

lequel porte le dôme; au faîte de la coupole est une lanterne couronnée par une pyramide, un globe et une croix. La coupole est accompagnée de deux autres dômes plus petits, élevés par Vignola; ils sont décorés de pilastres corinthiens.

Le portail extérieur donne entrée dans un vestibule long de soixante-treize mètres, large de treize et haut de trente-trois sous la voûte, qui est très riche et orné de stucs dorés et de bas-reliefs. Il y a dans ce vestibule des bassins plein d'une eau limpide épanchée par des fontaines; à une des extrémités du vestibule est la statue de Constantin, à l'autre celle de Charlemagne. Le pavé est en marbre. Au-dessus de la porte du milieu on voit la célèbre mosaïque du Giotto dite la *navicella*, parce qu'elle représente la barque de Saint-Pierre agitée par les flots.

La grandeur, la magnificence et le goût de l'intérieur du vaisseau, rendent cet édifice un des plus parfaits de l'univers; sa longeur est de cent quatre-vingt-sept mètres, sa hauteur sous voûte de quarante- cinq, et toutes les parties en sont si bien coordonnées, qu'au premier aspect cette immensité s'efface, parce qu'il n'y a aucun objet d'une proportion assez petite pour servir de terme de comparaison. On ne s'aperçoit du gigantesque des proportions, qu'en examinant les détails, qu'en s'approchant des bénitiers soutenus par des enfants qui paraissent de grandeur naturelle et qui sont plus que de taille d'homme, enfin qu'en entrant dans les chapelles et en les trouvant si vastes que chacune d'elles semble une église tout entière.

Les cinq nefs sont soutenues par de belles arcades ornées de marbres, de stucs, de dorures, de fresques, de hauts et bas-reliefs, de statues de mosaïques. Les voûtes ont pour ornements des caissons dorés.

Le grand autel s'aperçoit de toutes les parties de l'édifice. Son couronnement est porté sur quatre grandes colonnes torses d'ordre composite, cannelées jusqu'au tiers, ornées de feuilles de laurier sur les deux autres tiers. Quatre grandes figures d'anges, debout sur les colonnes, accompagnent harmonieusement le couronnement. La hauteur de ce monument, dit Baldaquin de Saint-Pierre, est de quarante-un mètres. Le grand autel est réservé pour le pape, lorsqu'il officie pontificalement ; il est orné de chandeliers d'or et de tiares enrichies de diamants. Cet autel est placé immédiatement sous la coupole. Les chapelles des nefs latérales sont : 1° la chapelle du Crucifix, dans laquelle on voit la magnifique statue de la sainte Vierge exécutée par Michel-Ange ; 2° la chapelle de Saint-Sébastien, ornée de mosaïques, d'après les dessins de Pierre de Crotone, on y trouve le tombeau de la comtesse Mathilde, qui donna son patrimoine à l'église de Saint-Pierre et fonda la puissance temporelle des papes ; 3° la chapelle du Saint-Sacrement ; 4° la chapelle Grégorienne ; 5° la chapelle Clémentine, surmontée d'une coupole ; 6° la chapelle Sixtine, décorée par Sixte IV, et consacrée par ce pontife à l'Immaculée Conception ; 7° la chapelle de la Présentation ; 8° la chapelle des fonts baptismaux. Ces chapelles contiennent plusieurs autels et un grand nombre d'autres sont placés dans l'église, où l'on voit aussi les mausolées de plusieurs pontifes.

La sacristie de Saint-Pierre est digne du reste du monument ; c'est un vaste édifice bâti sur les ruines du cirque de Néron ; sa longueur est de soixante-sept mètres et sa largeur de quarante-sept. Le palais du Vatican tient à l'église de Saint-Pierre. Il contient onze mille deux cent quarante-six appartements, et a six cents mètres de long sur deux cent quarante de large. Ce palais est bâti sur l'emplacement de celui de Néron ; suivant plusieurs écrivains, il serait le palais même de Néron, donné par Constantin aux évêques de Rome. Cette tradition est peut-être exacte, car le Vatican date d'une antiquité assez reculée. Le pape Symmaque le fit restaurer en 500 de notre ère, et Grégoire IV en 830 ; Charlemagne y fut reçu par Adrien 1er et Léon III. Il tire son nom du Mont Vaticanus. Ses salles sont magnifiques ; les plus célèbres architectes d'Italie ont été employés à les décorer : Bramante, Raphaël, San Gallo, Pirro Ligorio, Dominique Fontana, Carlo Maderno, Ferrabosco et le Bernin. La première cour, dite cour des Loges, est décorée de trois rangs d'arcades l'un sur l'autre et d'un quatrième à colonnes, en forme de péristyle. Ces arcades sont les loges, si célèbres par leurs fresques, que peignirent les artistes les plus illustres. De la cour des Loges, on entre dans la chapelle Sixtine du Vatican, où se trouve la fameuse fresque de Michel-Ange, représentant le jugement dernier. Le Vatican renferme plusieurs autres chapelles, entre autres la chapelle Pauline, construite par Paul III. On remarque encore dans ce palais, les Loges dites de Raphaël, parce qu'elles ont été peintes par ce grand artiste, la salle ducale, où le pape fait, le jeudi-saint, la cérémonie du lavement des pieds ; l'appartement Borgio ; la salle de Constantin ; la salle d'Héliodore ; la chambre de la Signature, où se trouvent les deux peintures les plus célèbres de Raphaël ; l'école d'Athènes et la dispute du Saint-Sacrement ; l'appartement de la comtesse Mathilde ; celui de Pie V ; la célèbre bibliothèque du Vatican, une des plus riches de l'Europe en manuscrits précieux, et le Musée.

Les autres monuments principaux de Rome moderne sont : Saint-Jean-de-Latran, fondé par Constantin, en 324 ; sa façade est ornée d'un double portique d'ordre composite ; le portail du nord est composé de deux galeries l'une sur l'autre, la première d'ordre dorique, la seconde d'ordre corinthien. L'intérieur, qui est très vaste, a une nef, et de doubles bas-côtés. Les fresques, les peintures, les dorures, les statues, les bas-reliefs, les marbres précieux décorent toutes les parties de cette église. Le cloître et la sacristie méritent d'être vus.

La Scala santa, église où Sixte V fit placer vingt-sept marches de marbre blanc qui passent pour avoir fait partie du palais de Pilate à Jérusalem.

Saint-Laurent, bâti par Constantin, en 330, Sainte-Bibiane, Sainte-Marie-Majeuré, une des plus grandes et des plus belles basiliques romaines. Elle est environnée de plusieurs façades, et d'un grand portique construit par Fuga, sous Benoît XIV.

Saint-Pierre-ès-liens, église fondée en 442, soutenue intérieurement par vingt colonnes de marbre de Paros, d'ordre dorique. On y voit le Moïse de Michel-Ange, son chef-d'œuvre de sculpture.

Sainte-Catherine-de-Sienne, charmante petite église toute revêtue de marbre et décorée de pilastres corinthiens.

Sainte-Marie-des-Anges, bâtie dans les thermes de Dioclétien, par Pie IV.

Sainte-Agnès, fondée par Constantin ; Sainte-Constance, Saint-Vincent et Saint-Anastase, Sainte-Marie-de-la-Victoire.

Le palais Quirinal, bâti par Paul III en 1540, Sainte-Marie in via lata, consacrée, dit-on, par saint Pierre et saint Paul, pendant leur séjour à Rome ; la façade élevée sur les dessins de Pierre de Crotone, est ornée de colonnes corinthiennes.

Saint-Marcel, la Propagande, saint-Laurent in Lucina, Saint-Jean-Baptiste des Florentins, Sainte-Marie de la Paix, Sainte-Apollinaire, l'Eglise neuve, Saint-Eustache, fondé par Constantin, Saint-Jacques des Espagnols, le Collége de la Sapience, le Collége romain, Sainte-Marie sous la Minerve.

Le Capitole et son musée ; Sainte-Marie, reine du monde ; Saint-Paul hors des murs, église fondée par Constantin, rétablie par Théodose, ornée d'un portique extérieur et divisée en cinq nefs intérieurement. Celle du milieu est soutenue par quarante colonnes corinthiennes d'un beau galbe, dont les chapiteaux sont en marbre de Paros : les autels sont décorés de trente colonnes de porphyre ; Saint-Jean-Porte-Latine, bâti en 772 sur les ruines d'un temple de Diane ; Sainte-Marie libératrice ; Sainte-Anastasie, fondée l'an 300, par Apollonia, dame Romaine ; Saint-Nicolas près de la Prison ; Saint-Pierre près du mont Janicule, église qui possède le tableau de la transfiguration de Raphaël ; elle est construite sur le lieu où saint Pierre souffrit le martyre ; Sainte-Marie au-delà du Tibre.

Enfin, le pont Saint-Ange et le château Saint-Ange, forteresse bâtie dans le mausolée d'Adrien.

S'il me fallait décrire, même brièvement, tous les édifices principaux des villes italiennes, se serait la matière d'un ouvrage d'assez longue haleine, il faut donc me contenter d'en indiquer seulement quelquesuns.

On admire à Florence la cathédrale, appelée par les Florentins, il Duomo (1) ; son architecture est si admirable, que Michel-Ange disait, qu'il ne croyait pas qu'on pût faire une plus belle église. On remarque surtout le *Campanile*, tour isolée qui lui sert de clocher, si riche d'ornements que Charles-Quint prétendait qu'on devrait la mettre dans un étui. Sa hauteur est de quatre-vingt-quatre mètres. Cette tour est recouverte de tables de marbre parfaitement sculptées. Giotto fut l'architecte du Campanile, il n'imita aucun type d'architecture, et cependant son ouvrage est un chef-d'œuvre. Près du dôme de Florence est le Baptistère, autrefois temple de Mars, dont les portes de bronze, faites en 1330, représentent en bas-reliefs, des sujets tirés de la Bible. Ces belles portes mériteraient, répétait souvent Michel-Ange, de servir d'entrée au Ciel. La chapelle royale, tombeau de la famille Médicis, commencée il y a trois siècles, et qui n'est pas achevée, est le monument le plus riche de toute l'Italie : on y a prodigué avec trop de profusion le jaspe, le lapis, l'albâtre, le granit, le porphyre et les marbres les plus précieux.

L'église de Santa-Croce, appartient comme le dôme à l'architecture orientale, ses arcades ogives sont d'une grande délicatesse, mais cette église n'est pas achevée, ses

(1) Le dôme, mot qui vient de domus, maison, est le nom italien des cathédrales ; comme ces églises sont surmontées ordinairement d'une coupole, nous avons appelé dôme ce genre d'ornement architectural.

murs de briques attendent encore les marbres qui devaient la revêtir, sa voûte est un comble en charpente.
Dans son enceinte reposent les dépouilles mortelles de plusieurs grands hommes ; Galilée, Michel-Ange, Machiavel,
Alfieri.

Les autres monuments de Florence sont : le Poggio
impérial, les palais Ricardi, Strozzi, Corsini, Gerini et
Pitti (1). Ce dernier bâti par Pitti en 1460, renferme dans
ses trois étages, neuf cents appartements ; il possède une
collection précieuse de tableaux. Au nord de cet édifice
se trouve la fameuse galerie de Florence, à laquelle on
communique par un corridor long de six cents pas, magnifiquement décoré.

Pise s'enorgueillit de son dôme, de son baptistère, de
sa tour penchée, et de son Camposanto. Le dôme fut commencé en 1064 sur les dessins de Buschetto ; trente-cinq
ans suffirent pour les achever. L'architecte y a prodigué
les ornements ; des marbres tirés d'anciens monuments
de la Sicile, de la Grèce et de l'Asie mineure, servirent
à l'embellir. Trois portes de bronze exécutées par Grégoire Pagani, sous la direction de Jean de Bologne, donnent entrée dans l'édifice, dont la forme est celle d'une
croix. Il est divisé en cinq nefs soutenues par des colonnes
corinthiennes.

Le baptistère, commencé en 1152 par Diotisalvi, est
un édifice circulaire, mélange de style grec et de style
oriental, surmonté d'une coupole qui sert de base à une
statue de saint Jean-Baptiste.

La tour penchée ou campanille est aussi célèbre par son

---

(2) Le palais du Luxembourg est une copie du palais Pitti.

architecture que par son inclinaison. Elle fut élevée en 1174, par Bonanno et Guillaume d'Inspruck. Cette tour est composée de huit galeries circulaires, soutenues par deux cent sept colonnes surmontées de chapiteaux empruntés à des monuments antiques. L'étage supérieur est plus étroit que les autres. On ne sait si l'inclinaison de quatre mètres que l'on remarque à cette tour est due au caprice des architectes, ou à un affaissement du sol pendant la construction ; cependant, cette dernière opinion est la plus vraisemblable, car les escaliers, et les parties intérieures de l'édifice ont la même inclinaison. Il existe en Europe plusieurs tours inclinées, on en voit deux à Bologne, et trois en Angleterre, celles de Caerphely, de Bridge-North, et de Corfe. Les tours de Bologne sont carrées, elles s'inclinent l'une vers l'autre, elles servaient d'habitations fortifiées à des familles Bolonaises pendant la période si agitée des républiques italiennes du moyen-âge. La plus élevée des deux, construite en 1110 par Gherardho Asinelli a un demi-mètre d'inclinaison ; l'autre, appelée la Garisenda, date de 1112, c'est elle que le Dante compare au géant Antée se baissant vers la terre ; son inclinaison est de trois mètres. Ces tours, dont la position étonne les personnes étrangères à la statique, n'ont rien d'extraordinaire, et jouissent d'une aussi grande solidité que les autres édifices. La stabilité des bâtiments, comme l'équilibre de tous les corps, dépend de la direction de leur centre de gravité d'un corps, ne tombe pas au-delà de la base de ce corps, il se maintient en équilibre, quel que soit son inclinaison ; mais au contraire, il se renverse si la ligne tombe au-delà de la base, parce qu'alors les parties supérieures étant sollicitées par la force d'attraction de la terre, plus que les parties inférieures, elles sont entraînées et se précipitent sur le sol. En donnant une base très large à un édifice, on peut donc lui donner une grande inclinaison.

Le Campo sancto est une vaste cour quadrilatère destinée à servir de sépulture aux personnages illustres de Pise ; il fut bâti en 1278 sur les dessins de Jean de Pise ; sa superficie est de trois mille trois cent trente-trois mètres carrés ; elle est recouverte d'une couche de terre, prise à Jérusalem, d'une épaisseur de trois mètres. Cette terre fut transportée pendant la troisième croisade : on a calculé qu'elle a dû charger cinquante navires du port de trois cents tonneaux chacun. Autour du Campo sancto, s'élève un vaste portique d'architecture orientale, ayant soixante arcades ; les murs sont ornés de fresques peintes par Simon Memmi, Giotto, Orcagna et Benozzo Gozzoli. Sous ce portique se trouvent les tombeaux de personnages illustres.

Padoue est célèbre par sa place Salone, qui tire son nom d'un palais nommé *il calone*, le salon, parce qu'il contient la plus vaste salle de l'Europe. Cette place est entourée de portiques. Il Salone fut commencé en 1172 et achevé en 1306, sa longueur est de cent mètres sur trente-trois de largeur. Ce palais avait été construit parallèlement à l'équateur, de sorte qu'aux équinoxes, les rayons du soleil, lors du lever de cet astre, passaient par les dernières fenêtres du côté de l'est et ressortaient par celles de l'ouest. Dans les solstices, ils entraient par les fenêtres du midi et ressortaient par celles du nord ; enfin à chaque mois, les rayons allaient frapper sur le signe du zodiaque, correspondant à celui du lever du soleil, ces signes étant peints le long des murs de la grande salle.

La ville de Milan est ornée d'une cathédrale ou dôme, qui passe pour une merveille d'architecture. Commencée en 1386, par Galéas Visconti, cette église n'est pas encore achevée, on la continue avec les fonds affectés à cette dépense par Napoléon. Le dôme de Milan, de style oriental dans son plan, offre un mélange d'architecture ogivale et d'architecture grecque provenant des modifications que lui ont fait subir les constructeurs modernes. Ainsi, le portail, terminé par Pellegrini, a des portes dans le style grec. La longueur du dôme de Milan est de cent cinquante-un mètres, sa largeur de quatre-vingt-dix mètres et sa hauteur, sous voûte, de soixante-dix-sept mètres. La plus grande de ses tours s'élève à cent douze mètres; plus de quatre mille statues de marbre blanc décorent cet édifice dont les moindres saillies sont sculptées. Cinquante-deux piliers de marbre, de huit mètres de circonférence et de vingt-huit de hauteur soutiennent la voûte colossale du monument. On remarque dans cette église la chapelle souterraine où reposent les reliques de saint Charles Borromée.

La Grande-Chartreuse de Pavie, où François Ier fut retenu lorsqu'il fut fait prisonnier, date de la fin du xive siècle : Jean Galéas Visconti, son fondateur, la fit construire sur les dessins du Bramante. Sa façade annonce les meilleurs temps de l'époque de la renaissance.

Venise, ville aux grands souvenirs politiques, cité curieuse assise sur des îles et dans les flots de la mer Adriatique; Venise, la reine de la Méditerranée, la Carthage du moyen-âge, attire l'attention du voyageur par ses monuments autant que par les faits qu'ils rappellent. Sa place de Saint-Marc, théâtre de tant d'événements, est orné d'un mélange d'édifices au type grec et au type oriental. Les procuraties anciennes, bâtiments soutenus par des arcades, appartiennent à l'ordre toscan. Dans les procuraties nouvelles l'architecte Sansovino a réuni les ordres dorique, ionique et corinthien. La tour ou campanile qui décore la place, est bâtie sur pilotis. Cette tour, carrée, a cent onze mètres d'élévation; elle a été commencée en 888, sous le doge Tribuno. L'église de Saint-Marc est comme celle de Milan, une alliance de l'architecture grecque et de l'architecture orientale; son portique extérieur est long de soixante-sept mètres, il a pour ouverture cinq grandes arcades fermées par des portes de bronze; au-dessus et tout autour règne une galerie à balustrades, qui sur la face principale est décorée par les fameux chevaux de bronze, fondus à Corinthe, d'où ils passèrent à Athènes, puis à Rome où ils couronnèrent les arcs de triomphe de Néron et de Trajan. Constantin les avait placés à Byzance, d'où les Vénitiens les enlevèrent au XIIIe siècle. Ces chevaux ont figuré comme ornement et comme trophée sur l'arc de triomphe du Carrousel, à Paris.

A Naples, la seconde ville de l'univers par sa belle position, on remarque : Saint-Janvier (santo Gennaro), cathédrale de style oriental, bâtie sur les ruines d'un temple d'Apollon; le théâtre de Saint-Charles, orné d'un beau péristyle; le palais du roi, dont la façade, longue de deux cents mètres, a vingt-deux croisées et une porte ornée de colonnes de granit qui supportent les balcons.

En Sicile, on cite la cathédrale de Palerme, un des monuments les plus précieux du style oriental, élevé par l'archevêque Gaulthier de 1166 à 1189.

« On remarque, dit M. Delasalle, dans son histoire de la Sicile, l'élégance et la richesse asiatiques du portail latéral; la légèreté et la coupe agréable de ses ogives, l'effet brillant des ornements du fronton et des colonnettes, les broderies du bandeau qui règne sur toute la façade, l'air de grandeur et de hardiesse que lui donnent les flèches qui le surmontent, et même les deux grands arcs-boutants qui, du côté de la principale entrée, s'élancent du fronton de l'église et l'unissent à un vaste bâtiment construit en face. L'intérieur de l'église, décoré et changé par des mains différentes pendant le cours de plusieurs siècles, n'a aucun caractère générique, ni rien de remarquable sous le rapport de l'art; mais on y a prodigué les marbres rares, les colonnes précieuses, les sculptures, les ornements de toute espèce, les dorures, en un mot tout l'aspect d'une pieuse magnificence. »

ESPAGNE ET PORTUGAL.

Après avoir rempli la mission qui lui avait été assignée par la Providence divine, la péninsule Ibérique est restée longtemps comme plongée dans un sommeil de repos, d'où elle a été tirée tout-à-coup par les commotions révolutionnaires. Pendant ce temps de calme, les arts, comme les sciences, n'ont rien produit dans cette contrée, de digne d'attention ; ainsi, l'Escurial, Belem, dont je vais vous parler, quoique rangés au nombre des monuments modernes, appartiennent à la période d'activité des peuples espagnols et portugais.

A huit lieues de la ville de Madrid, se trouve le Monastère-Palais de *Escurial de Abajo*, fondé par Philippe II, en 1557. Philippe, voyant la victoire tourner contre lui à la bataille de Saint-Quentin, fit vœu d'élever le plus magnifique monastère du monde entier, et de le mettre sous l'invocation de Saint-Laurent, dont on honorait la mémoire ce jour-là, si la fortune se déclarait en sa faveur. Secouru par les Anglais, il resta maître du champ de bataille, et à son retour il s'empressa d'accomplir son vœu. L'édifice fut bâti dans un village nommé San-Lorenzo (Saint-Laurent). Le monarque voulut qu'on lui donnât la forme d'un gril, instrument de supplice du saint martyr. Quatre tours, haute de quatre-vingt-sept mètres en figurèrent les pieds, les onze cours carrées de l'intérieur avec leurs galeries furent les barreaux et les côtés du gril, dont le palais du roi représenta le manche.

Malgré cette singulière disposition, l'Escurial fut un monument magnifique, mais d'un style sombre et sévère, à l'aspect mélancolique. Il a la figure d'un carré de deux cent quarante-sept mètres de longueur, sur cent quatre-vingt-treize de largeur. Philippe II dépensa plus de soixante millions de notre monnaie pour l'achever. Des religieux de l'ordre de Saint-Jérôme, magnifiquement dotés, furent mis en possession du monastère ; ils étaient chargés de la garde des sépultures royales placées dans les caveaux de l'église. La bibliothèque de l'Escurial est célèbre, elle contient près de trente mille volumes et de quatre mille manuscrits grecs, latins, hébreux et arabes.

Belem, ou plutôt Bethléem, palais et monastère comme l'Escurial, est placé à l'ouest et à peu de distance de Lisbonne. Cet édifice a pour fondateur Emmanuel-le-Grand, qui voulut ainsi immortaliser la découverte que fit Vasco de Gama de la route des Indes par le Cap de Bonne-Espérance. L'église fut placée sous l'invocation de Notre-Dame de Bethléem, d'où vient par altération le nom de Belem. L'église et le cloître sont bâtis dans le style oriental; la voûte de l'église est d'une grande élévation et exécutée avec beaucoup de hardiesse. La chapelle du maître-autel, construite dans les derniers siècles, a neuf faces qui se développent sur un plan demi-circulaire; elle est ornée d'un ordre inférieur de colonnes doriques, qui soutient un ordre plus petit sur lequel s'appuie une coupole. Les marbres précieux, le jaspe, revêtent l'intérieur du vaisseau. Comme à l'Escurial, les cendres des rois reposent à Belem, plusieurs de leurs mausolées se voient dans l'église même.

Le cloître est vaste et entouré de galeries d'une construction gracieuse. L'extérieur de l'édifice ressemble à une forteresse antique; une grosse tour bâtie sur pilotis, s'élève du sein du Tage qu'elle commande; elle loge une assez forte garnison. La résidence de Belem est entourée de vastes jardins; les religieux du monastère possédaient autrefois les vignes et les champs voisins.

Lisbonne ne manque pas d'édifices d'une grandeur imposante, mais qui n'ont rien de remarquable comme monuments d'art. On n'en peut pas dire autant de l'aqueduc de Benfica, dont les eaux alimentent la ville; c'est une des plus belles constructions modernes de ce genre, et elle égale tout ce que les anciens ont exécuté de plus parfait. L'aqueduc de Bemfica est long de dix-huit mille sept cent quatre-vingt-treize mètres, la plus grande de ses arches à soixante-neuf mètres de hauteur et cent d'ouverture.

ANGLETERRE ET ALLEMAGNE.

M. de Nerville allait commencer la description des beautés monumentales de ces deux intéressantes contrées, description que le défaut d'espace nous oblige de rendre beaucoup plus succinte qu'il ne l'a faite, lorsqu'un nouvel incident, suivi d'une absence momentanée de Charles, le força d'interrompre encore pendant quelques jours ses récits.

On doit se souvenir qu'un faux ami avait causé sa disgrâce, et lui avait succédé dans l'important emploi qu'il occupait. Un revers de fortune atteignit à son tour cet ami ingrat; M. de A., accusé de malversation dans sa

gestion , cherchait à sortir de France sous un déguise-
ment. Poursuivi , il errait aux environs de Paris , ne sa-
chant où trouver un refuge. Charles , l'ayant rencontré
dans un des bois voisins de M. de Nerville , le reconnut ,
l'aborda , et sans lui faire de reproches , le conduisit chez
son père où il lui promit un asile. M. A. était plutôt
coupable d'inconséquence et de légèreté dans sa gestion,
que de fautes contre l'honneur ; cependant toutes les
apparences se réunissaient pour l'accuser sévèrement.
M. de Nerville et sa famille l'accueillirent avec bonté ,
conduite pleine de noblesse , qui fut pour M. A. la pu-
nition la plus grande de ses perfidies ; il en éprouva
de violents remords. Son affaire s'instruisait avec promp-
titude, et il était menacé d'un jugement par contumace ,
jugement qui devait à jamais déshonorer sa famille. La
base de l'accusation portait sur le détournement d'une
somme assez importante, dont il avait cru pouvoir disposer
momentanément , et qui ayant été perdue par la mauvaise foi d'une tierce personne dans une opération dont
le succès était certain, ne pouvait être remplacée.

Sans lui confier ses projets, M. de Nerville se rendit à
Paris, étudia l'affaire dans tous ses détails et en confia la
poursuite à Charles, et à un avocat célèbre ; la somme
détournée fut restituée secrètement par M. de Nerville ; et
à sa sollicitation le ministre rendit à M. A. un autre emploi , mais dans un département éloigné. Lorsque M. de
Nerville eut obtenu cette heureuse issue , il remit à son
ancien ami, la quittance des sommes dues à l'Etat , et
l'ordonnance qui le nommait receveur général des finan-
ces dans le département de ***.

M. A. fut tellement touché de cet acte de générosité,

qu'il en tomba malade; lorsqu'il fut rétabli, il voulut faire connaître publiquement les obligations qu'il avait à M. de Nerville, mais celui-ci s'y opposa, et ses mesures avaient été si bien prises que le ministre même n'en sut rien.

Dans l'opinion du monde, une semblable manière d'agir ne saurait être que blâmée, car la vengeance consiste à rendre le mal pour le mal; et ce que l'on nomme intérêt de famille, ferait regarder M. de Nerville comme le dissipateur inconséquent de la fortune de ses enfants. Mais la morale pure de ce père de famille lui inspirait d'autres sentiments que ses fils partageaient. Ils aimaient à pardonner, pour mériter eux-mêmes l'indulgence céleste; ils se souvenaient du divin précepte : Aimez votre prochain comme vous-mêmes; et loin d'accabler le coupable, ils lui tendaient une main secourable pour le remettre dans le sentier du devoir. Ils furent bien récompensés de leur belle conduite; M. A. revint à des sentiments tout chrétiens, il restitua promptement à M. de Nerville ce qu'il lui devait, et mit désormais son bonheur à faire des heureux.

Après le départ de M. A. les conversations recommencèrent et M. de Nerville fit connaître à ses enfants les principaux monuments modernes de l'Angleterre.

A Londres, dit-il, on remarque surtout l'église de Saint-Paul, la plus grande et la plus vaste du royaume. Elle est due au célèbre architecte anglais, Christophe de Wren. Ce monument, commencé en 1675, a été terminé en 1710. Sa longueur est de cent cinquante-huit mètres, et la hauteur du dôme, de cent treize; il a coûté trente-sept millions de francs (un million et demi sterling). De Wren, imita dans son plan, l'église de Saint-

Pierre de Rome, mais il resta au-dessous de son modèle. Les autres édifices de Londres, sont : l'Hôtel de la Compagnie des Indes ; la Bourse, la Banque, remarquable par son immense étendue ; Sommerset House, le Musée Britannique ; le palais de Carlton, le palais de Buckingham, Le Tunnel, passage sous la Tamise, construit par le célèbre ingénieur français Brunel ; le pont de Waterloo ; celui de Sothwarck, en fer ; le Colosseum, bâtiment immense, renfermant un panorama et une promenade couverte, le Monument, colonne haute de soixante-deux mètres, élevée en mémoire de l'incendie de 1666 ; enfin les célèbres bassins du port dit les docks, qui peuvent recevoir une multitude de vaisseaux.

A Portsmoath, se trouvent les grands établissements de la marine militaire anglaise, on y admire les magasins, les ateliers, le collége maritime et l'école d'architecture navale. Greenwich possède un bâtiment très vaste, autrefois palais de Charles II, maintenant retraite pour les invalides de la marine ; on y voit aussi l'observatoire d'où les astronomes anglais comptent leur premier méridien. Parmi les principaux monuments de l'Angleterre, il faut encore citer le magnifique chemin de fer de Manchester et ses cent trois canaux.

Vienne est une des villes de l'Allemagne les plus riches en monuments modernes ; on y remarque : l'Ecole d'équitation, véritable chef-d'œuvre d'architecture, l'Hôtel des Monnaies, la Chancellerie de Bohême, magnifique bâtiment orné de statues ; la Banque, l'Archevêché, la Douane, l'Université, l'Eglise de Saint-Pierre bâtie sur le modèle de celle de Rome ; l'Eglise des Augustins, le palais du Belvédère, l'hôtel des Invalides, la place de Joseph II, sur laquelle s'élève la belle statue équestre de cet empereur, celle de Newmarck et du Graben; les théâtres, cent vingt-trois palais demeures particulières, trente-neuf ponts et plusieurs belles promenades publiques.

Schœnbrun, résidence impériale, bâtie par Marie-Thérèse, à peu de distance de Vienne, se compose d'un vaste et magnifique palais entouré de jardins délicieux.

Berlin est une belle ville admirablement bâtie, mais qui ne se distingue pas par des monuments dignes d'être cités; ce n'est pas dans cette ville qu'il faut chercher le beau en architecture. Les principaux édifices de Berlin sont : Sainte-Hedwige, église construite sur le modèle du Panthéon à Rome; le palais et la porte du Brandebourg, dont le dessin rappelle les propylées d'Athènes.

A Postdam, ville célèbre par le souvenir de Frédéric II, on remarque le château de Sans-Souci, le palais Neuf et le palais de Marbre.

RUSSIE.

Parmi les nombreuses villes de l'empire russe, deux principalement sont célèbres, Moskwa, que nous nommons Moskou, et Saint-Pétersbourg. Moscou est la ville sainte des Russes, la vieille capitale ; c'est dans cette métropole que les Czars sont inaugurés et couronnés. Après Constantinople, Moskou est la plus grande ville de l'Europe ; son enceinte couvre huit lieues, mais elle n'en est pas la plus peuplée, car on n'y compte que trois cent mille habitants.

Cette ville, toute asiatique par ses mœurs et son architecture, se divise en quatre parties, le Kreml, le Kitaigorod, Bielgorod et le Semlanoigorod ; hors de son enceinte, s'étendent plusieurs sloboldes ou faubourgs. Dans le quartier du Kreml ou de la citadelle, se trouvent quatre grandes églises, la cathédrale, où l'on couronne les czars, l'église de l'archange Michel, celle de la Vierge, et l'église des douze Apôtres. Le Kitaïgorod, ou ville chinoise, renferme des bazars magnifiques, la Bourse, l'hôtel des Monnaies et l'église de la fête de Prokrow, où l'on inaugure les patriarches.

Dans le Bielgorod, on voit l'Arsenal, les Fonderies, l'Université ; et dans le Semlanoigorod, cent trois églises, l'hôtel de la Police, les Tribunaux et l'Hôpital des enfants trouvés, fondé par la famille Demidof.

Moskou possède plusieurs théâtres et plus de cent ponts sur la Moskowa, la Neglina et la Jausa, qui la traversent.

Le principal ornement de Moskou est le Kreml ou Kremlin, nom slave qui signifie citadelle. Le Kremlin s'élève sur un mamelon, situé à soixante pieds au-dessus du niveau de la Moskowa qui en baigne la base. Une muraille fortifiée, construite en briques vertes et rouges, soutenues par des terres angulaires et rondes, l'entoure dans une longueur de douze mille pieds. On pénètre dans cette forteresse par une arcade nommée la Porte-Sainte que l'on ne peut traverser que tête nue ; cette arcade est surmontée d'une tour. Les bâtiments du Kremlin sont couverts d'une foule de dômes, de flèches, de coupoles, aussi variés dans leur style que dans leurs formes et leurs teintes, mais dont l'ensemble est très pittoresque ; quelques-unes de ces constructions ont de l'élégance dans les proportions, et de la richesse dans les détails. La cloche de Moskou, qui pèse environ quatre cent milliers, se voit dans un fossé du Kremlin ; elle a vingt-deux mètres de circonférence et sept mètres de hauteur ; depuis qu'elle est fondue, cette masse, objet d'une vénération superstitieuse, est restée inutile, faute de bâtiments assez forts pour en supporter le poids.

Dans l'arsenal du Kremlin, existe un riche et curieux trésor dans lequel on conserve le trône de Pierre-le-Grand, de précieux présents offerts par les sultans de Constantinople et les schahs de Perse, des vases d'or et d'argent, des pierreries et une foule d'objets rares et d'un travail exquis.

Pétersbourg, ville élevée par le génie de Pierre-le-Grand, au milieu des glaces et des marais de la Néwa, lorsque la politique russe exigeait que l'empire des czars établît sa prépondérance dans le nord, et détruisît la puissance suédoise, maintenant port militaire, et une des clefs de la mer Baltique, Pétersbourg, ville toute moderne, renferme un nombre considérable de monuments, mais qui ne sont pas tous du goût le plus pur.

Pétersbourg se divise en plusieurs quartiers : celui nommé l'île de Saint-Pétersbourg, renferme une citadelle ; la cathédrale de Saint-Pierre et Saint-Paul, où reposent les cendres des empereurs, le jardin de botanique et le collège de médecine ; dans l'île Basiel (Wasili-Ostrow), on voit la douane, la bourse, terminée en 1801 ; son extérieur est entouré d'un portique de quarante-quatre colonnes doriques, les magasins de chanvre, l'université, l'observatoire, l'école des cadets de la marine, l'académie des arts, monument d'une exécution parfaite, les douze collèges ou départements ministériels. L'île de l'Amirauté est le plus beau quartier de Saint-Pétersbourg; là se trouvent le palais d'Hiver, la statue équestre de Pierre Ier, ouvrage de Falconnet, placée à l'entrée du pont sur la Newa, l'amirauté, le palais de l'Ermitage, le palais et le jardin de l'Eté. Cette suite de monuments qui se développent sur les rives de la Néwa, est d'un effet imposant. Les églises d'Isaac et de Notre-Dame-de-Casan, sont les plus beaux édifices de Pétersbourg ; la seconde, commencée en 1801, a été terminée en 1811, c'est une imitation de Saint-Pierre de Rome. L'église d'Isaac est construite en marbre, elle égale ce que l'architecture moderne a produit de plus beau en Europe.

On compte dans Pétersbourg trente ponts, un grand nombre de places et douze rues immenses, fort larges, tirées au cordeau.

PARIS.

Paris, au moyen-âge, avait une physionomie bien différente du Paris du XIXe siècle ; c'était alors une cité presqu'entièrement universitaire et judiciaire, si l'on peut s'exprimer ainsi, une cité sombre, étroite, peu industrielle, mais toute savante, et renommée par l'habileté de ses docteurs. Paris, sous les Valois, commença à prendre une certaine importance politique qui s'accrut pendant la Ligue et la Fronde et ne s'éclipsa momentanément sous Louis XIV et Louis XV, que pour reparaître avec plus d'énergie sous Louis XVI et les gouvernements qui lui ont succédé.

Lorsque l'habile et profond politique Richelieu eut affermi le pouvoir royal, et que Louis XIV eut recueilli les fruits de ses travaux, Paris tourna au profit de son développement industriel et commercial l'activité que le pouvoir royal absolu ne lui permettait plus d'appliquer à la politique.

Paris monumental a conservé le caratère de ces grandes phases de la vie politique de ses citoyens.

Ainsi, le Paris du moyen-âge était couvert d'églises et d'écoles; le Paris des Valois et de la Ligue s'occupa de construire son Hôtel-de-Ville; mais au milieu de l'agitation des partis, il n'eut pas le loisir de créer d'autres monuments municipaux. Paris, pendant le règne de Louis XIV et de ses successeurs, vit s'élever dans son enceinte de grands établissements industriels, à côté des monuments destinés à perpétuer la mémoire des souverains qui en ordonnaient la construction.

Paris moderne, centre d'un gouvernement où tous les éléments politiques sont représentés, et ville qui devient éminemment industrielle, se couvre d'édifices en harmonie avec l'état social actuel; édifices d'utilité générale, édifices de luxe attestant la grandeur du pays et de ses gouvernants; palais où résident les favoris de la fortune, entrepôts où s'accumulent les denrées étrangères et les matières premières mises en œuvre et transformées en utiles produits.

Parmi les édifices qui annoncent la grandeur nationale et qui sont les seuls dont je veux ici parler, on distingue : le Louvre et ses dépendances, le Palais-Royal, le palais du Luxembourg, le palais de la Chambre des Députés, les Invalides, l'Ecole de Médecine, le Panthéon ou église de Sainte-Geneviève, la Madeleine, la Bourse, le Muséum d'histoire naturelle, l'Observatoire, l'arc de triomphe de l'Etoile, celui du Carrousel, l'arc de la porte Saint-Denis, l'Odéon, l'Ecole Militaire, la Halle aux blés, les Ponts, les Quais, la place de la Concorde, la place Vendôme et sa colonne, la place des Victoires un grand nombre de fontaines, entre autres celle des Innocents ornée de sculptures de Jean Goujon, etc.

L'église de Sainte-Geneviève, bâtie sur les plans de Germain Soufflot, a été fondée en 1763. En creusant ses fondements, il fallut décombler et maçonner soixante-neuf puits d'où 1800 ans auparavant un potier, nommé Primus, avait tiré l'argile nécessaire à la fabrication des vases dont il faisait commerce. Ce monument est précédé d'un portique de vingt-deux colonnes qui ont dix-huit mètres de hauteur : la coupole est entourée de trente deux colonnes, son diamètre est de vingt-trois mètres. La croix qui surmontait la lanterne de la coupole était élevée au-dessus du pavé de la place, de soixante-dix-neuf mètres. M Cortot a été chargé de l'exécution de la statue de l'Immortalité, qui doit remplacer la croix. Vingt-cinq millions de francs ont été dépensés pour construire cet édifice.

Le Palais-Royal a été commencé en 1529 par l'architecte Le Mercier, pour servir d'habitation au cardinal de Richelieu ; il est bâti sur l'emplacement des hôtels de Mercœur et de Rambouillet. En 1592, cette belle demeure fut donnée à titre d'apanage au duc d'Orléans, frère de Louis XIV. Jusqu'en 1781 son jardin fut ouvert au public, il était rempli d'oisifs et de nouvellistes. Le duc de Chartres confia alors à l'architecte Louis, qui venait de bâtir la

magnifique salle de spectacle de Bordeaux, la construction
des arcades ornées de boutiques qui entourent trois des
côtés du jardin ; le quatrième côté resté inachevé se couvrit de boutiques en bois dont l'entassement produisait un
passage sombre et hideux. En 1829, ces ignobles repaires
disparurent pour faire place à la magnifique galerie d'Orléans, construite en marbre et glaces ; des portiques soutenus par des colonnes complétèrent la décoration monu-
mentale de ce palais.

La Bourse de Paris est un des plus beaux monuments
modernes ; son plan est dû à M. Brongniart, membre de
l'Institut, qui en dirigea les travaux depuis 1808, jusqu'en
1813, année de sa mort. M. Labarre, choisi pour remplacer son collègue, apporta quelques améliorations à ses
plans. L'édifice fut achevé en 1826. Extérieurement, il a
la forme d'un rectangle, dont la longueur est de soixante-
onze mètres et la largeur de quarante-deux ; il est périptère, c'est-à-dire entouré d'un péristyle formé par
soixante-six colonnes corinthiennes supportées par un
soubassement de trois mètres environ. Ces colonnes ont
trois mètres de circonférence, sur onze mètres de hauteur.
Intérieurement, l'édifice est composé d'une grande salle
longue de trente-huit mètres, large de vingt-cinq, et
haute de vingt-quatre, éclairée par le comble et susceptible
de contenir deux mille personnes ; cette salle est entourée
d'un portique en arcades, et ornée de peintures à fresques
qui simulent des bas-reliefs ; ils sont dus au pinceau de
M. Abel de Pujol. Deux galeries règnent autour de la
salle au premier et au second étage, elles précèdent le
tribunal de commerce et différents greffes. La dépense

totale de cet édifice a été de huit millions de francs, dont un quart payé par le commerce de Paris.

L'église de la Madeleine est un magnifique édifice, malgré toutes les critiques injustes qui se sont élevées depuis quelque temps contre ce que l'on a ridiculement appelé les temples catholico-païens. Ce beau monument, entièrement achevé aujourd'hui, a eu bien des vicissitudes. En 1660, on jeta les fondations d'une église qui devait servir de paroisse au faubourg Saint-Honoré ; devenue trop petite, on résolut de la reconstruire sur l'emplacement actuel. L'architecte du roi, Contant-d'Ivry, après en avoir fait le plan, en commença les travaux d'exécution. Son successeur Couture, changea les projets adoptés et voulut imiter le Panthéon de Rome, mais par inexpérience ses efforts restèrent infructueux. A la révolution, les travaux furent abandonnés. Napoléon les fit reprendre en 1806, et dans l'intention d'éterniser ses victoires et la mémoire de ses généraux, il décréta que le monument serait un temple de la Gloire. L'architecte Vignon, dont le plan fut adopté, détruisit l'ouvrage de ses prédécesseurs, et jeta de nouveaux fondements. En 1814, il reçut ordre de transformer le temple en église, et d'en modifier les divisions intérieures. M. Vignon mourut en 1828 ; et M. Huvé, qui lui succéda, acheva l'édifice sans en modifier les dessins.

L'église de la Madeleine, bâtie dans le style grec, est un temple périptère, avec double fronton, de cinquante-trois mètres de longueur ; le péristyle placé sur un soubassement est d'ordre corinthien. L'intérieur de l'église est orné comme ceux d'Italie, de marbres précieux, de dorures et de peintures à fresque. La sculpture du fronton exécutée par M. Lemaire est remarquable par son étendue et sa belle exécution. Elle représente Jésus-Christ au jour du jugement dernier séparant les élus des réprouvés. La figure du Christ qui occupe le milieu du tympan, respire le calme et la majesté divine, ses mains étendues partagent les deux groupes; à sa droite, un ange tient la trompette qui vient d'appeler les morts au dernier jugement; près de l'ange se montre la Foi, l'Espérance, la Charité, deux enfants et une jeune vierge qui porte la couronne du martyre. Dans l'angle de droite, un ange éveille du sommeil de la mort une sainte qui presse une croix sur son cœur; la pierre de son sépulcre, renversée sur une urne funéraire, porte cette inscription : *Eccè dies salutis*, voici le jour du salut.

A gauche du Christ, la Madeleine à genoux implore le pardon des réprouvés, qu'un ange armé d'un glaive de feu repousse vers les flammes éternelles où un démon entraîne une femme. Sur une pierre on lit ces mots : *Væ impio !* malheur à l'impie.

L'arc de triomphe de l'Etoile est un magnifique monument élevé à la gloire des armées françaises qui ont combattu depuis 1792 jusqu'en 1815. Fondé par ordre de Napoléon, après bien des vicissitudes, il a été achevé par Louis-Philippe et inauguré le 28 juillet 1836. L'aspect de ce bel édifice est grandiose, et les faibles défauts partiels qu'en y rencontre disparaissent devant son unité de pensée et d'exécution. C'est une grande et belle idée que d'avoir donné à ce monument une proportion colossale; sa masse imposante rappelle tout ce qu'a eu de fabuleux et de gigantesque la gloire de ces armées victorieuses de l'univers, et le génie de leur chef : comme eux, il résistera aux efforts des siècles et fera l'admiration de la postérité la plus reculée.

Sur la face du monument qui regarde Paris, sont deux vastes morceaux de sculpture, exécutés par MM. Cortot et Rude, et d'un style tout-à-fait opposé. L'ouvrage du premier de ces artistes est empreint d'une majesté calme et pleine de grandeur, il est traité dans le beau style de la statuaire grecque. Dans ce magnifique bas-relief, Napoléon triomphateur, revêtu de la chlamyde, est entouré de Clio, de la Victoire et de la Renommée; la figure de Napoléon se détache admirablement du marbre et est traitée non pas avec talent, mais avec génie.

Le bas-relief de M. Rude appartient à l'école moderne; les personnages en sont pleins de vie et d'action, ce morceau représente le départ des citoyens pour la guerre; le génie des combats les appelle à la défense des frontières, et les générations représentées par un vieux guerrier et par un jeune homme, se soulèvent à sa voix. Les autres bas-reliefs sont : la Résistance et la Paix, par M. Etex; et les principales batailles de la révolution et de l'empire, par MM. Lemaire, Seurre ainé, Feuchère, Chaponnière, Geether et Marochetti. Quatre grandes Renommées d'un style admirable, exécutées par M. Pradier, décorent les tympans de l'édifice.

TABLEAU DE ROME.

LE CAPITOLE.

Un des premiers besoins du voyageur, en arrivant à
Rome, n'est pas de se coucher pour se délasser; mais de
se faire conduire au Capitole, au Panthéon et au Colysée.
Les autres ruines ne l'occupent que successivement et,
pour ainsi dire, à mesure qu'il les trouve sur ses pas. Cependant tous ces lieux sont si pleins de souvenirs, qu'on
ne peut goûter de repos si l'on n'a tout parcouru, tout vu :
alors même on veut les voir encore. L'insatiable curiosité
n'est satisfaite que lorsqu'on les sait par cœur.

Le Mont-Capitolin, la plus petite des sept collines, en était la plus importante par sa position. Dominant à la fois le *Forum* romain, le fleuve et le Champ-de-Mars, elle protégeait Rome. On dit que Saturne y avait placé la capitale de ses états. Romulus en fit sa citadelle, et y plaça ses dieux et son Sénat. Aux deux extrémités de l'ovale, qui est la forme du mont, s'élevaient les deux temples de Jupiter.

Au centre étaient l'*Asile* entouré de quelques arbres, le Lieu des assemblées orné d'un portique, les Archives de l'état et l'Athénée.

Le Capitole est le plus beau nom qui reste à Rome après le nom de Rome même : et la gloire du Capitole est dans le souvenir de l'auguste Sénat qui y présida à la conquête du monde. Où délibérait donc ce Sénat, qui, épousant les querelles des peuples et des rois, se fit leur médiateur pour devenir leur arbitre ; et sous le modeste nom d'*allié*, finit par juger les démêlés de tous, pour les asservir les uns après les autres à ses lois ! Ce Sénat délibérait au Capitole. Il était là, quand Pithéas le prit pour une assemblée de rois ; lorsque Popilius traçait son cercle ; quand on vendit le champ où campait Annibal. Là se reposaient dans la gloire les Fabius, les Paul-Emile, les Scipions : las de conquérir, ils venaient gouverner. Ce que la politique a de plus profond, la vertu de plus sublime, le Sénat romain en donna la leçon et l'exemple. Que d'ambition, mais aussi que de sagesse ! Que de fortune, mais aussi que de valeur et de prudence ! Quelles guerres, mais aussi quelles institutions ! Tout étonne. Franchissons, sans les rappeler, les temps d'abjection où ce Sénat dégénéré ne se montre plus que dans un lâche avilissement ; où Thraséas seul ose être vertueux ; où les crimes de Néron et les folies de Caligula sont encensés, des lois saintes abrogées pour de l'argent... Ce Sénat n'est plus que l'opprobre des Romains. Les Romains eux-mêmes sont déjà le plus corrompu, le plus vil des peuples... Le Capitole ne m'intéresse plus. Il semble que les modernes aient voulu effacer jusqu'à ses souvenirs de gloire.

Michel-Ange a bâti le palais moderne dans un moment de distraction. Ce n'est pas le génie qui a remplacé par une maison bourgeoise, l'imposante construction ancienne dont l'*Immobile Saxum*, qui la soutenait et qu'on retrouve encore, donne une si grande idée. On n'y a rien conservé, ni le temple de ce dieu *Fidus*, protecteur des contrats, ni cet *Asile* ouvert à l'innocence opprimée, ni cette maison de Manlius, monument de la reconnaissance publique élevé au sauveur de la patrie, et changé depuis en un temple. Les souvenirs n'étaient donc rien pour Michel-Ange ! Il a oublié qu'il travaillait au Capitole. Son palais tourne le dos au *Forum*, au lieu de le dominer avec majesté, comme autrefois ; de ses lavures, la cuisinière du sénateur peut salir les colonnes qui restent des temples de Jupiter Tonnant et de la Concorde.

Le temple de Jupiter-Capitolin, dépôt sacré des dépouilles du monde, qui servait de monument à la religion et à la valeur des Romains, ce temple a fait place à l'église des Cordeliers. La Roche Tarpéienne paraît à peine. A son sommet est une étable ; à ses pieds un cabaret. Il ne reste du Sénat que l'histoire de sa puissance, les statues mutilées de quelques-uns de ses grands hommes, et un juge, espèce de prévôt en robe rouge et collier d'or, vain simulacre, caricature du Sénat romain.

A la vue de ces outrages du temps, on reste muet, et l'on s'éloigne de ce Capitole, dont le nom même aujourd'hui est une ruine (1).

LE PANTHÉON.

C'est le plus beau monument qui reste des arts de Rome ancienne. Le temps semble l'avoir respecté pour le présenter à l'admiration de tous les siècles. Après la batai le d'*Actium*, Agrippa, gendre d'Auguste, avait consacré ce temple à Jupiter *vengeur*, et à tous les dieux de l'empire. C'est une immense coupole parfaitement ronde, qui s'appuie à terre, et qui n'est éclairée que par une ouverture circulaire, pratiquée au sommet de la voûte. L'édifice est haut de quarante-quatre mètres. Son diamètre est de la même étendue. On y admire un entablement de marbre blanc et une frise de porphyre, plusieurs rangs de caissons aujourd'hui sans ornements, mais qui brillaient jadis de pierres précieuses et de bronzes dorés.

Jupiter *vengeur*, en l'honneur d'Auguste, vainqueur d'Antoine, occupait la grande niche en face de la porte principale. Six autres niches sont également pratiquées

(1) Les Romains disent : *Campidoglio.*

dans l'épaisseur du mur et ornées de colonnes cannelées, de jaune antique, de plus de dix mètres de haut, et dont les chapiteaux passent pour les plus parfaits qui nous restent de l'antiquité. Les statues des divinités païennes ont été remplacées par des autels et des saints.

Malgré sa nudité, ce temple est toujours un modèle d'élégance et de grâce.

Le portique répond à toutes ces beautés.

L'architecture ancienne n'offre en ce genre, rien de plus imposant. Il est long de quarante-quatre mètres, haut de quinze, large de six. Il a seize colonnes de granit oriental et d'un seul bloc. Leur circonférance est de cinq mètres, et leur élévation de treize, sans y comprendre les bases et les chapiteaux. Ces magnifiques colonnes soutiennent un entablement et un fronton de la plus belle proportion. On y lit encore le nom d'Agrippa. Ce fronton était surmonté de statues et d'un quadrige de bronze, qui n'existent plus.

La grande porte du temple se trouve entre deux niches, où étaient les statues d'Auguste et d'Agrippa. Celui-ci paraît avoir eu son tombeau dans le temple même. Clément XII l'en a chassé, et a fait déposer ses propres cendres dans la belle urne de porphyre où reposaient celles de l'illustre Romain; et le vengeur de Carthage, Genséric, enleva la porte de bronze, comme trophée, ou comme butin. Ce que les barbares y avaient respecté d'ailleurs, Urbain VIII le fit emporter pour les décorations de Saint-Pierre. On estime que les seuls bronzes, dont il le dépouilla, pesaient au-delà de quatre cent cinquante mille livres.

Ce portique n'en est pas moins le morceau le plus parfait qui reste de l'architecture des Romains. C'est grand dommage que ce monument, dont les modernes ont raison de s'enorgueillir, né soit peint dans un isolement qui permette de le considérer sous toutes ses faces. Il a une enceinte de maisons qui s'appuient sur l'édifice comme pour le cacher. Une place étroite et boueuse en déshonore l'entrée, qui est dominée de partout. Au pied des colonnes est la bouche infecte d'un large égout: elles servent presque d'appui à des étaux de bouchers : c'est un des plus sales quartiers de Rome; c'est la place la plus ignoble, qui forme l'avenue d'un des plus beaux monuments qui existent.

Mais les Poussin, les Carrache, Mengs et Raphaël, Corelli et Sacchini, Winkelman et Métastase y ont leur tombeau ou un marbre d'honneur ; le Panthéon n'est pas tout-à-fait dégradé.

LE COLYSÉE.

Si le Panthéon est le plus beau monument qui reste de Rome, le Colysée en est incontestablement la plus belle ruine : elle a quelque chose de colossal. La moitié du mur extérieur existe encore dans un état de conservation qui permet de juger de l'étendue de l'enceinte, de la solidité du travail. Rien de plus imposant que cette prodigieuse masse de pierres énormes qu'une grande perfection de machines a seule pu élever à cette hauteur, et que l'art a assises sans ciment et de manière que ces blocs, de plusieurs pieds d'équarissage, semblent ne faire qu'une seule et même pierre dans cette vaste façade.

- L'amphithéâtre avait une circonférence de trente-sept mètres et une élévation de plus de cinquante-trois; sans compter le *Podium* qu'occupaient le Sénat et les Vestales, immédiatement sur l'arène, et la Gloire qui régnait au sommet de l'édifice et d'où l'on manœuvrait les voiles interposées entre le soleil et les spectateurs.

Ce qui existe de la façade laisse voir dans les trois premiers étages les trois ordres d'architecture avec quatre-vingts ares, séparés par autant de colonnes à chaque étage. Au quatrième, des pilastres corinthiens ornent une surface unie, percée de quarante fenêtres carrées. C'est une immense frise surmontée d'un large entablement. Le temps et la cupidité, à l'envi l'un de l'autre, ont détruit ce bel ouvrage. Les riches matériaux en ont servi aux Farnèse pour bâtir leurs palais. C'est au Colysée que se retranchaient les Colonna durant les guerres civiles. Quelle magnificence il y a dans ces ruines! Escaladez et mesurez ces galeries; vous conviendrez que cent mille hommes pouvaient circuler sans embarras sous ce triple péristyle.

Grâce à Pie VI et aux Français cette belle masure se trouve entièrement dégagée. Dans les excavations intérieures du côté du *Cælius*, on a rencontré des tronçons de belles colonnes de granit d'Egypte. Ont-elles appartenu aux Propylées qui faisaient la communication de l'amphithéâtre à la Curie voisine où le Sénat se réunissait les jours de spectacle? Ce portique parallèle à celui qui existait du côté de l'Esquilin n'aurait pu qu'ajouter à la régularité de l'édifice.

Dans l'intérieur, les déblais ont découvert des couloirs étroits, entrecoupés de puits, ayant des rainures pour servir au jeu des coulisses : on ne sait trop qu'en dire. Les uns prétendent que ces constructions servaient d'appui au sol uni de l'arène, et que les bêtes destinées à combattre étaient vomies par le moyen de machines et de trapes. Dans cette opinion, l'arène aurait été horizontale au *Podium* ; c'est-à-dire que la plus distinguée des places de l'amphithéâtre se serait trouvée tout à la fois la plus incommode et la plus dangereuse. La grande raison de ces savants est le rayon visuel.

D'autres veulent que ces maçonneries informes n'aient eu pour objet que de changer l'arène en naumachie.

Outre que c'est mettre la cave au grenier, on peut encore demander combien de navires manœuvreraient dans un lac de six cents pieds de circonférence ; et ce qu'eut dit du spectacle de quatre ou cinq mauvaises barques, un peuple à qui il fallait des centaines de lions pour combattre des milliers d'athlètes ? Je veux que d'un réservoir voisin il s'échappât un fleuve. Ce n'eut jamais été pour former une mer de joûtes. Quelques pieds d'eau ne pouvaient tout au plus divertir que les polissons à la fin des combats, ou laver l'arène, qui devait être passablement couverte de sang, et de membres déchirés.

Si dans une dispute de savants qui a déjà produit des in-folio, j'osais émettre une opinion modeste, je dirais que ces constructions bizarres remontent, selon toute apparence, au temps où Rome déchue de sa grandeur, n'ayant plus les moyens de se procurer des tigres et des lions pour ses menus plaisirs, était réduite à des spectacles plus bourgeois. Au lieu de combats de gladiateurs, le peuple-roi, détrôné, aura dû se contenter de chasses de bœufs sauvages, de sangliers et peut-être aussi de lièvres. Ces sortes de jeux avaient déjà amusé l'ancienne Rome au Cirque. Gordien y avait donné sa fameuse chasse où parurent par centaines, les cerfs, les daims, les taureaux et les sangliers. Ces bêtes étaient lâchées au peuple dans des forêts postiches et poursuivies ou prises à des piéges. C'est probablement au jeu des machines propres à de pareils spectacles que servaient ces puits à rainures, et ces trapes, par où un savant vomit ses bêtes dans l'arène, comme s'il ne s'agissait que de singes. Quand au rayon visuel dans lequel on se retranche, il ne me paraît pas devoir être une difficulté. En plaçant l'arène quatre mètres au-dessous du *Podium*, en entourant, comme c'était aussi l'usage, cette arène d'un euripe ou canal et d'une grille de fer, il est, je crois, facile de retrouver le rayon visuel. Alors aussi est trouvée la place des portes par où les bêtes s'élançaient de leurs loges, et d'un saut arrivaient au combat. Cette disposition conserve toute leur fureur à ces bêtes déchaînées : fureur qui ajoutait nécessairement à l'horrible intérêt du spectacle.

Je ne puis quitter le Colysée sans parler de la place qui l'entourait. Bâti à la racine de trois collines, au centre de Rome, ce grand édifice se trouvait sur le passage des triomphateurs, ayant pour perspective la Maison Dorée de Néron du côté du Palatin, la Curie *Hostilia* du côté du *Cœlius*, le palais et les thermes de Tite sur l'Esquilin, et enfin les portiques des temples de la Paix et de Rome du côté de la Voie Sacrée. Quelle place que celle qui avait une pareille enceinte pour accompagner un moment tel que l'amphithéâtre Flavien ! Et quelle solitude aujourd'hui ! Les portiques des temples sont ensevelis sous une montagne de décombres que des moines ont arrangée en terrasse pour leur récréation. De la Maison Dorée, cette folie du plus extravagant des dissipateurs, il ne reste que des misérables pans de murs avec quelques lambeaux d'aqueduc. L'espace qui séparait le palais de Tite de l'amphithéâtre est un guet-apens où l'on court risque d'être assassiné en plein jour. Tout a disparu. Le Colysée seul reste, comme un géant qui depuis dix-sept siècles lutte avec effort contre le temps qui le détruit pièce à pièce.

BASILIQUE DE SAINT-PIERRE.

Nous venons d'admirer les deux plus beaux restes de l'architecture ancienne. Allons nous étonner du miracle de l'architecture moderne. Je ne sais si les hommes d'aucun siècle ont réussi à élever un monument qui ait réuni, comme l'église de Saint-Pierre, la richesse et l'élégance aux proportions colossales. Il faut avoir vu ce prodige pour se faire une idée de ce qu'il y a de plus hardi et de plus vaste pour l'art de bâtir, de plus somptueux et de plus magnifique dans la décoration. On y entre par cinq portes, dont la principale est de bronze. Le portique a cent vingt-quatre mètres de long sur treize de large et vingt-un de haut. Aux deux extrémités sont les statues équestres en marbre de Constantin et de Charlemagne.

La grande nef a cent quatre-vingt dix mètres de long, vingt-huit de large et cinquante-un de haut. La longueur de la nef transversale et de cent trente-sept mètres. Quelles proportions!

Au point d'intersection est le grand autel, sur le tombeau de Saint-Pierre, entre quatre énormes massifs qui forment piliers et supportent l'entablement où commence la grande coupole. Cette coupole a quarante-quatre mètres de diamètre. C'est le Panthéon en l'air; avec la différence que l'élévation totale du temple ancien n'est que de onze mètres, et que celle du temple moderne est de cent quarante-un. Cette merveille est l'ouvrage de Michel-Ange. L'architecture n'a jamais rien tenté de si hardi.

A la frise de cet entablement intérieur est gravé le fameux *tu es Petrus*, etc. L'admirable coupole reçoit le jour par seize fenêtres accompagnées de pilastres corinthiens accouplés. Les autres ornements de cette surprenante voûte sont en mosaïque, en fresque et stuc doré.

Si de ces proportions colossales nous passons à la magnificence de la décoration, nous trouverons des pavés élégants et des plus beaux marbres, des colonnes superbes et nombreuses, des pilastres cannelés de vingt-six mètres de haut, des bas-reliefs, des médaillons. La grande voûte brillante d'or et d'azur est d'un travail parfait. L'autel principal, sous un baldaquin de bronze et haut de vingt-neuf mètres, n'a que des colonnes de bronze et d'or. Plus loin est la chaire de Saint-Pierre soutenue par quatre figures gigantesques : tout en est aussi de bronze et d'or. Cette chaire, sans compter le bronze qu'on a pris au Panthéon, a coûté plus de six cent mille francs.

Il y a neuf chapelles également riches en beaux marbres et en objets d'art. Celle de la Piété est célèbre par le groupe de la *Vierge avec son fils mort*, premier ouvrage de Michel-Ange. Celle du Saint-Sacrement offre à l'admiration un tabernacle orné de douze colonnes corinthiennes de lapis avec des bases et une coupole en bronze doré. L'élévation de ce petit temple est de six mètres. L'autel de la chapelle de la Vierge est entier de porphyre, d'albâtre et d'améthyste du plus beau travail.

Il y a dans cette basilique quatre-vingt-seize colonnes de marbres rares, vingt-neuf grands tableaux en mosaïque, copiés des plus grands maîtres et dont le moindre a coûté plus de cent mille francs. La *Sainte Pétronille*, la *Communion de Saint-Jérôme* et la *Transfiguration* sont admirables.

Les fresques ne sont ni moins nombreuses, ni moins belles. Le *Triomphe de la Croix*, du Lanfranc, et la *Trinité* de Pierre de Cortone, passent pour des chefs-d'œuvre.

Dans les bas-reliefs on distingue ceux du tombeau d'Alexandre VIII, qui représentent des canonisations, et de l'autel de Saint-Léon où ce pontife paraît arrêter Attila. Ces sculptures sont d'un travail parfait.

On compte dans cette église cent cinquante-cinq statues, dont quelques-unes ont huit mètres de haut et ne paraissent pourtant que de proportion naturelle : quatre-vingt-six sont en marbre ; quarante-huit en stuc et vingt-une en bronze. La plus estimée de ces statues, comme objet d'art, est le *Saint-André* de Duquesnoy, dit le Flamand. Mais la plus célèbre est le *Saint-Pierre*, en bronze, dont le peuple dévot baise la pointe du pied, qui en est usée. C'est, dit-on, le bronze du Jupiter Capitolin.

Les tombeaux qui ornent ce temple sont au nombre de dix-huit. Il y en a qui coûtent plus de cent trente mille francs.

Saint-Pierre a de vastes souterrains dont la principale galerie communique avec les caves du Vatican. Il n'y a de remarquable que l'emplacement; c'est celui du cirque de Néron. Les galeries sont d'ailleurs étroites et basses.

La partie supérieure de la basilique présente une plate-forme où figurent, d'une manière fort pittoresque, plu-sieurs petits dômes ou campanilles qui semblent n'être là que pour faire paraître avec plus d'éclat la grande coupole. Une boule de bronze doré, de près de trois mètres de diamètre et surmontée d'une croix de fer haute de quatre, couronne cette prodigieuse coupole et la montre de fort loin au voyageur impatient.

Il ne manque à ce temple qu'une façade digne de lui. Michel-Ange voulait lui donner un portique sur le modèle de celui du Panthéon. Cette simplicité était une idée su-blime. Avec une telle entrée la coupole eut paru dans toute sa hardiesse et sa magnificence. Charles Maderne gâta ce beau plan par une façade qui n'a ni élégance, ni noblesse. Une masse de pierres communes, si peu en rapport avec la richesse intérieure, cette masse, sans proportion, affaisse l'édifice qui n'est point assez élevé pour faire de l'effet, et qui l'est trop pour la coupole qu'il masque.

L'église de Saint-Pierre est l'ouvrage non interrompu de douze pontifes et de près de trois siècles. Il est la gloire des arts. En 1694 cet édifice coûtait déjà deux cent cinquante millions de francs. En 1800 il coûtait soixante-quinze millions de plus.

DES RUINES DE QUELQUES TEMPLES ANCIENS.

Elles sont en petit nombre. Des soixante temples qui entouraient le Capitole et qui faisaient appeler *l'habitation des Dieux*, on ne trouve que huit colonnes du temple de la Concorde, monument sacrilège du massacre du peuple de Caïus Gracchus. Il ne reste que trois colonnes de celui de Jupiter Tonnant, élevé par Auguste, qui, poltron à son ordinaire, avait voulu se rendre le tonnerre favorable.

Le commun des savants met l'église d'*Ara Cœli* à la place du temple de Jupiter Capitolin. Ses vingt-deux colonnes de granit sont les beaux restes du portique pour lequel Sylla les avait fait venir du temple de Jupiter d'Olympie. La magnificence du temple de Jupiter Capitolin éclatait dans son triple péristyle, dans son toit de bronze, dans ses statues et couronnes d'or. Les Romains attachaient à sa conservation le salut de l'empire. Les triomphateurs n'y montaient qu'à genoux. L'église moderne a conservé quelque chose de ce respect. On y arrive par un rapide et large escalier de marbre blanc, de cent marches, débris de celles qui conduisaient au temple de Quirinus.

Le temple de Pallas, qui paraît avoir appartenu au *Forum* de Domitien, reste à demi enterré au coin d'une rue. On en admire deux colonnes, l'entablement et la Pallas, debout, sculptée en demi-relief et de grandeur naturelle. Le temple de la Paix, bâti par Vespasien et dédié à *Vénus Pacifique*, fut orné des dépouilles des Juifs. Il n'en reste que trois arcs, qui sont d'une construction hardie, mais en briques. Les voûtes étaient en caissons ornés de stuc et de bronze. De ses belles colonnes de marbre blanc et cannelées, une seule existe encore qui sert au triomphe de la statue de la Vierge devant Sainte-Marie-Majeure. Elle a dix-neuf mètres de haut et six de circonférence. En désencombrant cette grande ruine, les Français ont trouvé des débris de pavés et de lambris précieux, avec des tronçons de colonnes de jaune antique, cannelées, et d'un travail parfait. Malgré ces marbres, l'édifice était loin de la magnificence colossale du temple de Jupiter d'Agrigente.

Entre le temple de la Paix et l'arc de Titus sont les ruines du temple de Vénus et de Rome, que l'empereur Adrien avait rendu digne des deux patrones. Les tronçons des colonnes de granit noir qu'on vient de trouver au pied de ces ruines, portent à croire que ces colonnes servaient de péristyle au temple, ou d'avenue à l'arc.

Sur la Voie Sacré, vers le Capitole, le temple de Romulus et Remus sert de vestibule à l'église des SS. Côme et Damien. L'ancienne porte de bronze y est encore entre deux colonnes de porphyre. Le pavé, trouvé à six mètres, au-dessous du niveau actuel de la voie publique, était formé de larges dalles de marbre, sur lesquelles on avait gravé le plan de Rome et dont on conserve les débris au Capitole.

Près de là se trouvent les ruines des temples de Saturne, d'Antonin et d'Adrien. Celui-ci paraît être remplacé par l'église de Saint-Luc. On ne sait rien de positif sur l'emplacement qu'occupait le temple de Saturne. Mais sa belle porte en bronze orne l'entrée de Saint-Jean de Latran. Le temple d'Antonin existe presque en entier. Le portique avec ses grandes colonnes d'un marbre peu commun et la frise d'un beau travail en font une intéressante ruine sous le nom de Saint-Laurent *in Miranda*.

Presque en face, au pied du Palatin, l'église de Sainte-Marie-Libératrice est bâtie sur les ruines de la Curie d'Opimius, dont Auguste avait fait un temple à César. Il n'en reste que trois colonnes. Mais les grands artistes sont convenus de les prendre pour des modèles de proportion et d'élégance.

A quelques pas de là, l'oratoire de Saint-Thot est, dans sa forme primitive, le temple de Pan, fameux par ses lupercales et par le Figuier Ruminal, à l'ombre duquel la louve allaitait les fondateurs de Rome. Chacun sait qu'aux sacrifices de ces lupercales des enfants étaient exposés au couteau avec lequel on venait d'égorger les victimes.

Au mont Aventin, Sainte-Sabine passe pour avoir remplacé Diane, Saint-Alexis a succédé à Hercule et le Prieuré rappelle la Bonne Déesse. Au pied de la colline, non loin du Tibre, sont les temples presque entiers de la *Fortune Virile* et de *Vesta*. Le premier, bâti par Servius Tullius, pour remercier la Fortune du trône où elle l'avait fait monter, forme un carré long avec dix-huit jolies colonnes d'ordre ionique et leur entablement. On en a fait l'église de Sainte-Marie-Egyptienne. Le temple de Vesta est rond avec un péristyle circulaire de vingt belles colonnes de marbre blanc, cannelées et d'ordre corinthien. Ce péristyle privé de son architrave, n'est couvert que d'un ignoble toit. C'est le même temple consacré par Numa, réparé et embelli par Titus. Les modernes en ont fait l'église de la Vierge du soleil. C'est une des plus jolies ruines de Rome.

Près de Saint-Jean de Latran existe en entier le beau temple de Faune, dans Saint-Etienne-le-Rond. Sa forme sphérique et sa double galerie en colonnes de granit ont quelque chose de cette simplicité noble, dont l'architecture moderne ne se rapproche pas assez dans la construction des églises.

On trouve dans la vigne de Sainte-Croix des lambeaux de murailles et d'arcs. Ce sont les ruines du temple de Vénus et Cupidon. Mais l'église voisine conserve de belles colonnes de granit de ce temple, qui fut un des plus riches de Rome.

Dans un champ voisin sont les débris du temple de Minerva Medica, décagone élégant dont les angles soutiennent encore un reste de voûte. On voit que l'édifice avait un péristyle, dix fenêtres et neuf niches dont on a trouvé les statues. C'est une des plus pittoresques ruines de Rome.

Le temple de Bacchus paraît être tout entier dans la

vigne voisine de Sainte-Agnès. C'est une rotonde charmante avec deux étages de colonnes. Des vendanges sont
peintes à la voûte. Les chrétiens en avaient fait une église.
L'humidité et l'abandon en feront bientôt une masure. A
peine quatre colonnes de marbre grec, restes précieux du
temple ancien, soutiennent la ruine moderne au milieu
d'une vaste friche.

ÉTAT ACTUEL DES SEPT COLLINES.

Entraîné par l'occasion et le plaisir de comparer Rome à Rome, j'ai peut-être anticipé sur les temps en parlant de quelques lieux célèbres, sans en avoir assez indiqué la situation relative. Un coup-d'œil jeté rapidement sur les sept collines compensera ce léger oubli.

LE PALATIN.

Romulus y bâtit sa ville. La colline entière suffit à peine aux empereurs pour leurs palais; et le temps en a fait une des plus tristes ruines du monde. La montagne formait un carré long. Sa surface ne pouvait suffire qu'à une bicoque. Aussi Rome sentit de bonne heure le besoin de s'étendre. Par la suite, il ne sera resté au *Palatin* que de ces maisons modestes où des Dictateurs mangeaient des légumes dans des écuelles de bois.

Le *Palatin* ne brilla que sous les Césars qui finirent par

y rester seuls. Auguste s'y logea magnifiquement et y bâtit un temple à Apollon, près d'une bibliothèque publique. Tibère agrandit encore cet édifice. Mais Néron effaça tout par sa Maison Dorée. Après avoir épuisé pour elle le génie des arts, l'impie osa dépouiller les temples mêmes de leurs plus beaux marbres et en orna ce chef-d'œuvre de la folie humaine. Et lorsqu'il eut ajouté ces sacriléges rapines aux concussions de son fisc pour cette somptueuse habitation, l'extravagant la trouvait à peine digne d'un homme.

Septime Sévère eut son mausolée au *Palatin*, du côté de la Voie Appia. C'était un édifice à sept étages. *Septizonium*, orné de galeries et de colonnes que Sixte V fit démolir pour en avoir les marbres. Cependant Théodoric trouva encore à se loger au *Palatin*.

Tout ce qui était beau à Rome, tenait à cette jolie montagne. Au sud, elle avait *l'Aventin* et le grand Cirque. Du haut de ses terrasses l'empereur pouvait donner le signal des courses. A l'ouest, étaient le *Forum* et le Capitole; au nord, la Voie Sacrée et plus loin le Champ-de-Mars. La vaste étendue de Rome et son plus bel horizon lui servaient de perspective, à l'est. Et cette colline n'est aujourd'hui qu'une grande ruine au milieu de ruines plus tristes encore! Du côté du *Forum*, des lambeaux de murailles soutiennent quelques arbres en désordre sur des terres qui s'écroulent. Du côté du grand Cirque, des restes d'arcs tombants, à travers lesquels la pensée voit l'ancienne magnificence des galeries qu'ils portaient. Les moines de Saint-Bonaventure se sont logés au temple d'Apollon. Sur les débris de la Maison Dorée et du *Septizonium*, un seigneur a planté une vigne. Le long de la fameuse Voie Sacrée règne un mur d'enceinte pour les jardins Farnèse. Le plateau est couvert de vignes suspendues sur de nombreux souterrains. C'est sous une de ces voûtes, à dix mètres de profondeur, qu'on a découvert *les bains de Livie*. On y descend à la lueur des flambeaux pour admirer de beaux restes de lambris de jaune antique, de stuc doré et des peintures en arabesque, d'un travail charmant.

L'AVENTIN.

Il domine immédiatement le Tibre et jouit, plus qu'aucun autre quartier de Rome, de la riante vue du Janicule. Parallèle au *Palatin* il servait, comme celui-ci d'appui au grand Cirque ; et il n'était séparé du Capitole que par l'étroite vallée du Vélabre, où sont encore l'arc de Janus et la fontaine de Juturne.

Du côté du Tibre, *l'Aventin* se couronnait de bois sacrés et de portiques : il avait à ses pieds le plus beau quai de Rome : et ce n'est plus qu'un précipice au sommet duquel est un groupe de retraites religieuses. Le pont immortalisé par la valeur de Coclès s'appuyait à l'*Aventin* ; il n'en reste que quelques pierres. Sur le plus riche quai de la capitale du monde, on trouve deux magasins à sel et la pauvre maison d'un batelier.

Ainsi le temps a désenchanté ces lieux. Du haut de cette terrasse abandonnée les regards se promènent bien encore sur le Tibre. Mais ce fleuve n'a plus ni quais, ni vaisseaux, ni majesté : il coule, comme s'il fuyait sa honte. Le Janicule montre au loin son Vatican ; mais il n'a plus ni son temple de Mars, ni son Champ Triomphal, ni les prés de Mutius, ni les jardins de César, ni la naumachie d'Auguste. L'œil ne mesure qu'à regret cette vallée *Myrtia* que remplissait le grand Cirque. Cette enceinte où s'asseyaient trois cent mille spectateurs au même spectacle, n'est plus qu'un champ de laitues et de choux.

LE CŒLIUS.

Il était séparé du *Palatin* par la petite vallée qui faisait la communication du Colysée et du grand cirque, et où passait la Voie Triomphale.

Plus haut, on trouve l'arc de Dolabella, qui paraît avoir formé l'entrée d'un marché public, et sur lequel Néron appuya son aqueduc. Le beau temple de Faune, aujourd'hui Saint-Étienne, existe encore. Mais on ne trouve rien du quartier des troupes auxiliaires du temple de *Jupiter de retour*, où ces étrangers allaient, sans doute, demander le retour dans leurs familles. Le palais, l'église et l'hôpital de Saint-Jean, occupent une partie du plateau

dont on faisait une place d'armes au temps des inonda-
tions du Tibre. Quelques familles patriciennes se sont
emparées du reste de la colline pour y faire des *villa*
charmantes. A la partie la plus élevée de la montagne,
sont encore debout de grandes portions d'arcs qui ont
servi à l'aqueduc Néronien ; et plus loin, auprès de l'aqueduc de Claude, est le joli couvent de Sainte-Croix, entre
les ruines du temple de Vénus et Cupidon, et le Cirque
Castrense. Quoique solitaire, ce quartier est encore assez
agréable pour que le fameux *Murmura*, patron des riches
intendants d'armées, y ait bâti sa maison, la première
dans Rome où le luxe asiatique osa se montrer avec im-
punité sous la protection de César.

L'ESQUILIN.

Il tenait au *Cœlius* par le sommet de la vallée Labicans
qui conserve son nom, mais rien de son ancienne population.

L'*Esquilin*, tirait son éclat de la campagne de Mécènes,
du palais de Vespasien, des thermes de Tite et de Gordien,
des temples de Junon Lucine et du Bonheur. Il ne reste
que de tristes débris de tous ces grands édifices. La maison de Mécènes était probablement celle de Pompée dont
Antoine s'était révolutionnairement emparé après la jour-
née de Pharsale, et qui, sans doute aussi, revint au mi-

nistre d'Auguste, comme la dépouille du vaincu. Là, fut le *Minervum*, académie longtemps célèbre, où d'illustres protecteurs, à l'exemple de l'immortel protecteur de Virgile et d'Horace, encourageaient le génie par les honneurs et les récompenses. De tout cela, il ne reste qu'une tour. Néron y a peut-être vu l'incendie de Rome! Des deux grands aqueducs des eaux *Marcia, Julia* et *Tepula* qui aboutissaient à un réservoir commun, fameux sous le nom de *Trophées de Marius*, il n'existe plus qu'un petit nombre d'arcs perdus dans des vignes. Le réservoir n'est lui-même qu'une triste masure. Il fut bâti par Agrippa; et peut-être y éleva-t-il un monument à Marius pour flatter l'héritier de César qui se faisait gloire de compter cet illustre consul parmi ses aïeux. Mais ce monument ne s'est point trouvé. Les trophées qu'on y admirait, et qu'on conserve à la cour du Capitole, paraissent appartenir à l'histoire et au siècle de Trajan.

A l'extrémité du mont, vers la Porte-Majeure, on trouve le temple de *Minerva medica*, et le souterrain d'Aruncius, consul sous Tibère.

Entre l'*Esquilin* et le *Viminal* était la *Suburra*, un des quartiers les plus fréquentés de l'ancienne Rome, qu'habitaient beaucoup de marchands et d'escrocs avec le peuple des débauchés. A l'extrémité supérieure de cette vallée, près du temple de Lucine et à l'entrée d'un bois consacré à Mars, on voyait encore, il y a peu d'années, le *Tigillum sororium*, avec un autel expiatoire. Le peuple avait absous Horace du meurtre de sa sœur en faveur de sa victoire sur les Curiaces. Mais le vainqueur trop brutal fut condamné à passer sous cette solive d'ignominie, comme sous un joug, et à reconnaître ainsi le pouvoir des lois violées pour lui seul.

Cette histoire des Horaces n'est peut-être qu'un conte qui flattait l'amour-propre des Romains. Il est tout naturel qu'ils l'aient embelli de tout ce qui pouvait le rendre plus intéressant. Cependant, pourquoi ce combat de trois ne serait-il pas possible à Rome? Les Bretons ont bien leur fameux combat de trente. Pour moi, j'aimerais mieux trouver la dernière pierre de cet autel d'expiation, dont l'idée était éminemment morale, que l'arc ignoble de Galien qui existe encore au sommet de la *Suburra* moderne. A la pierre serait toujours attaché un glorieux souvenir au lieu que l'arc ne rappelle qu'un prince méprisable.

LE VIMINAL.

Cette colline commence à l'entrée de la Suburra, et va se réunir au Quirinal et à l'Esquilin pour ne faire ensuite qu'un même plateau avec eux. C'était le quartier des Patriciens, dont une des rues modernes porte encore le nom. Le temple de Jupiter Viminal était là sans toit pour que l'humidité put entretenir les vimes d'où il tirait son nom, et qui entouraient l'autel.

A l'extrémité du plateau du *Viminal*, vers la porte de

Saint-Laurent, était l'un des bûchers publics pour brûler les morts, à côté d'une immense fosse où l'on cachait les débris de ces morts. Il y a maintenant des vignes. Ce lieu touchait à la fameuse ménagerie de l'amphithéâtre. Ainsi Rome chrétienne élevait dans ce coin de terre les plus rusés de ses soldats, là même où Rome païenne gardait les plus terribles ennemis de ses athlètes.

Au reste, le *Viminal* est une des plus riantes collines de Rome. Caressée du soleil levant et abritée de l'ouest humide, elle jouit d'une température d'autant plus heureuse, qu'il n'y a que des jardins d'agrément. Aussi est-elle devenue la propriété de quelques familles puissantes et des maisons religieuses le plus en crédit. Les jésuites y avaient un domaine ; les chartreux, un parc ; les Strozzi y ont encore une *villa* charmante qu'habita le célèbre Alfieri.

Mais ce que la colline a de plus riche en sites et de plus vaste en jardins, se trouve dans la *villa Negroni*. Sixte V créa cette belle campagne. Dans ce même quartier étaient, peu éloignés l'un de l'autre, les temples de la *Bonne* et de la *Mauvaise Fortune*. Il était digne de Sixte de réunir, dans son domaine, les autels de ces deux maîtresses du monde, lui, qui, de simple pâtre, s'était élevé jusqu'au trône pontifical.

LE QUIRINAL.

Ce devait être la plus agréable des sept montagnes. C'est encore un des beaux quartiers de Rome moderne. Au bonheur de jouir du meilleur air, le *Quirinal* joignait l'avantage de dominer la plus intéressante partie du Champ-de-Mars, lorsque cette place était l'école militaire des maîtres du monde. Les *Altæ semitæ* formaient sa principale communication, puisqu'elles parcouraient presque en ligne droite, la crête du nom dans toute sa longueur. Cette grande rue commençait entre les bains de Paul-Emile et le portique des argentiers, dont les deux *fleuves* qu'on voit aujourd'hui à la fontaine du Capitole, ornaient, dit-on l'entrée. De ce même côté, à la pointe de la colline, était le temple de *Romulus Quirinus*. On devait y arriver par cet immense escalier, dont les cent marches qu'on conserve devant *Ara cœli* ne sont que les débris. Il faisait perspective au *Forum* Trajan ; puisque, de chez Martial, on apercevait le superbe portique ; et Martial habitait au *Pincius*.

Du même côté, un peu plus haut, était le temple du Soleil qu'Aurelius enrichit des dépouilles de Palmire. Il n'en reste que des débris douteux dans les jardins Colonne. Et ce qui, sans doute, servait de parvis à ce temple, les papes en ont fait des écuries. En face était le temple de la Santé. Constantin y bâtit ces thermes. Le beau groupe, qui donne son nom à la place de Monte-Cavallo, ornait ces bains. Ces chevaux n'ont eu qu'un pas à faire pour arriver là où nous les admirons aujourd'hui.

Plus loin était la maison de Saluste qui existe en partie dans la villa Ludovisi. Cet illustre roué que ses débauches avaient fait chasser du sénat et que César peu scrupuleux et pour prix des services rendus à sa cause par une plume éloquente, fit proconsul d'Afrique avec ordre d'en ruiner les peuples pour les mieux contenir. Il paraît qu'il s'en acquitta à la satisfaction du tyran. Mais Rome lui pardonna sa fortune en faveur de l'usage qu'il en sut faire. Il avait construit un *Forum* dont il n'existe plus rien, et un cirque dont on retrouve les ruines dans un potager. Son habitation avait d'ailleurs tant d'agrément que plusieurs Césars en firent leurs délices... Nerva y est mort. Alaric y mit le feu.

On trouve près de là le *champ scélérat* qui servait de tombeau aux Vestales coupables. Ce n'est plus qu'une vigne. On y cherche avec curiosité quelques traces d'un si triste monument.

Le sort de ces illustres filles de Vesta est une des plus tristes images qui restent du grand spectacle de la chûte de Rome. Choisies dans les premières familles de l'état et entre les plus belles, une sage politique les avait environnées de considération et de respect. Aux yeux du peuple leur personne sacrée était l'objet des préférences des dieux mêmes. Leur vertu gardait avec tant de gloire le saint dépôt du *Palladium* et le feu mystérieux, deux prestiges qui excitaient également la valeur des Romains!

Mais lorsque, cédant au destin, Rome n'eut plus ni légion, ni Sénat, Vesta ne pouvait seule sauver l'empire. Avec le pouvoir de l'opinion elle perdit le respect des peuples. Ses richesses, qui étaient immenses, firent envie. On ferma le temple. Les Vestales suppliantes, de reines qu'elles avaient été, offrirent en vain de fournir au culte à leurs frais : on leur refusa jusqu'à la consolation de mourir en embrassant leur autel. Voilà la marche du temps ! Après onze siècles de la plus brillante existence, le christianisme fit une église du temple de Vénus, et la révolution française est venue, après quinze siècles, fermer cette église et la mettre en vente.

Le mont *Pincius* faisait partie du *Quirinal ;* là étaient les fameux jardins de Lucullus, où ce vainqueur du Caucase, se plongeant dans les plaisirs de la table, oublia sa gloire pour se faire le patron des gourmands de qualité et s'étourdir peut-être sur les malheurs de Rome. Messaline y fut mise à mort, comme en expiation du meurtre qui lui avait acquis ces mêmes jardins ; et un cardinal de Médicis y a bâti une des plus belles *villa* de Rome. C'est aujourd'hui le palais de l'académie de France : il mérite d'être le temple des arts.

Que ces terrasses devaient avoir de charme, lorsque le Champ-de-Mars leur offrait le grand spectacle de ses exercices ! Je me représente cette vaste plaine bordée d'un côté par le Tibre, et de l'autre par des temples, des théâtres et des portiques. J'y vois le peuple des oisifs circulant sous ces péristyles, et plus loin, les tribus qui à flots pressés se rendent à l'assemblée pour y donner leurs suffrages ; et à côté de cette foule, qu'occupent encore les intérêts de la patrie, des groupes de jeunes gens efféminés, portant avec eux le dégoût de la satiété, qui errent plutôt qu'ils ne se promènent, en attendant l'heure d'un spectacle.

Mais si je remonte aux temps où les Paul Emile, et les Sylla, les Marcellus et les Lepide, Pompée, Caton et César venaient là pour s'y délasser dans les exercices militaires, le Champ-de-Mars n'est plus une simple place d'armes, mais une vaste école de marches, de combats, de siéges, où les hommes disputent le prix de la force et de l'agilité. Sont-ils à cheval? C'est pour apprendre à conduire ce noble compagnon de leurs fatigues, à combattre sans perdre les rangs, à fondre sur l'ennemi avec impétuosité, à le poursuivre avec ordre. A côté de cette cavalerie qui franchit les fossés et fait voler la poussière par la rapidité de ses mouvements, une armée de fantassins, marchant à pas précipités, lance, sans s'arrêter, la pierre ou le javelot, manie les armes des deux mains et apprend à se servir du bouclier pour soutenir les chocs avec vigueur. Plus loin elle construit des retranchements pour les attaquer ensuite, ou pour les défendre. D'un côté, un essaim de jeunes gens se prépare aux combats par le pugilat, la course et la lutte. Avec quelle application ils s'exercent à porter des coups avec succès, à les éviter avec adresse! Couverts de sueur et de poussière, qu'on les voie ensuite passer de ces exercices fatigants au Tibre pour s'y laver en nageant, on conçoit que ces jeunes gens auront la vigueur des vieux soldats, et qu'une fois aux armées, il y seront, comme leurs aînés, l'effroi des Teutons, des Gaulois et des Numides... Mais j'oublie que Rome n'a plus ni Champ-de-Mars, ni soldats. Je me croyais chez Lucullus et je me surprends à la porte de l'église de la Trinité-du-Mont.

Il n'est plus possible de se faire illusion dans cette Rome dégradée ! Retournons au *Quirinal* pour y chercher les ruines des thermes de Dioclétien. Lorsqu'on a vu les Romains conquérants ne vouloir pour bains que leur Tibre rapide et bourbeux , peut-être n'est-il pas sans intérêt de voir ces mêmes Romains perdant, par lambeaux , la conquête du monde dans les étuves parfumées de leurs thermes.

THERMES DONT ON RETROUVE LES RUINES.

Les Romains, sous la république, avaient un genre de vie trop dure et trop austère pour se laver ailleurs qu'au fleuve. Cependant les classes riches , marchant les pieds à demi nus , et ignorant encore l'usage du lin , ne pouvaient guère se passer de bains particuliers. La chaleur du climat , le besoin de la propreté et surtout l'exemple des Grecs auront procuré à Rome le luxe des bains publics. Les premiers furent sans doute le présent de Paul-Emile : on en suppose les ruines à la pointe du *Quirinal* près du *Forum* Trajan, dans le quartier que les modernes appellent *Magnapoli* , corruption vraisemblable de *Balnea Pauli*.

Agrippa vint et signala sa magnificence dans ceux qu'il bâtit près du Panthéon sur le marais Caprée. L'eau *Vierge*, ou de Trévi, y était conduite par un aqueduc en portique qui séparait, en les embellissant, le Champ-de-Mars et la ville. La sacristie du Panthéon est le seul reste de ces thermes. Peut-être le Panthéon n'en était-il lui-même que le vestibule.

Néron dût, au moins, égaler Agrippa. Ses thermes étaient là où sont les palais de la fameuse Catherine de Médicis et des Giustiniani, riches des seules sculptures trouvées dans leurs fondations.

Tite surpassa encore Néron. Ce qui reste de ses thermes rend témoignage de l'étendue et de la somptuosité de ce vaste édifice. Ce qu'on appelle les *Sept Salles* sont autant de réservoirs parallèles longs de douze mètres, larges de dix et hauts de quatre, avec des portes de communication. Les murs en sont couverts d'un double enduit si dur que l'eau semble n'y avoir jamais touché. Une vigne végète sur ces voûtes éternelles qui servent de magasin à un pauvre jardinier. Plus bas, vers le Colysée, étaient les bains qui recevaient l'eau des *sept salles* par des conduits qu'on voit encore. Cette immense ruine est couverte des chaudières et des fumiers d'une salpêtrerie. L'administration française a entrepris de grands travaux pour la déblayer. Plusieurs salles sont déjà vidées. Elles présentent une grande élévation de voûtes et des restes de lambris des plus beaux marbres. D'anciennes fouilles ont découvert de précieux objets d'art. C'est là dans une niche qui existe encore, que fut trouvé le Laocoon. La chambre présente des peintures qui conservent l'élégance du dessin et quelque chose de la première beauté des couleurs. Il y a des fleurs et des oiseaux d'une rare perfection de forme, des jeux d'enfants, des médaillons, des sacrifices peints avec une grâce charmante. Ce qui frappe surtout dans ces ouvrages, c'est leur ressemblance avec les peintures des galeries du Vatican. Les unes sont incontestablement l'imitation des autres ; mêmes sujets, mêmes couleurs, même composition. Raphaël a étudié dans ces souterrains. Qu'il les ait ensuite fait combler pour y ensevelir son secret, c'est un reproche de l'envie. Il avait trouvé à la *villa Adriani* les modèles des mêmes stucs et des mêmes arabesques ; a-t-il cherché à les détruire ? Oui, il a imité jusqu'à ces masses de rouge et de jaune antiques, sur lesquelles se dessinent si heureusement les médaillons et ses guirlandes. Mais il ne doit qu'à son génie, sa *Galathée*, ses *Chambres Vaticanes* et sa *Transfiguration*.

Caracalla fut aussi magnifique que Titus dans la décoration de ses bains, et le surpassa peut-être par la beauté de l'architecture. Une des salles de cet édifice avait soixante-trois mètres de long et quarante-cinq de large. La voûte en était plate, et soutenue dans toute sa surface, d'un épais grillage de bronze doré. C'est là qu'entre autres chefs-d'œuvre, on trouva le *Taureau* et l'*Hercule Farnèse*, qui sont aujourd'hui à Naples. Ces thermes ne forment plus qu'une grande masure que les curieux escaladent au moyen de demi-cercles de fer scellés dans le mur.

Gordien-le-Jeune, descendant des Gracques et des Trajan, double bonne tige, voulut aussi attacher son nom à la construction de bains publics. Il les plaça près de son palais, là même où sont aujourd'hui le couvent et l'église de Sainte-Eusèbe. Il n'en reste qu'une jolie colonne spirale de jaspe, conservée au Vatican, et qui fait croire que ces thermes ne le cédaient en rien aux autres pour la richesse des ornements. Mais on pardonne ce luxe au prince, ami des sciences et des arts, qui, à vingt ans, avait reconquis la Syrie sur les Parthes, et mérité les regrets de l'armée, du Sénat et des peuples.

Dioclétien, plus magnifique que ses prédécesseurs, surpassa tout ce que Rome avait eu jusqu'alors de grand et de somptueux en ce genre. Ses thermes avaient plus de deux milles de tour. L'arène, entourée de gradins, et servant aux exercices d'équitation, existe en partie et forme un vaste jardin. Une des salles a cent douze mètres de long, vingt-cinq de large, et vingt-huit de haut : on en a fait l'église des Chartreux. Ses huit colonnes de granit oriental et d'un seul bloc, ont six mètres de tour, et quatorze d'élévation. Quelle magnificence ! La bibliothèque Trajane ou Ulpienne était dans cet édifice, entourée d'écoles et de promenades. Outre les salles publiques de bains, on y trouvait des appartements particuliers où l'on servait avec luxe. Les superbes urnes de basalte et de porphyre, d'une forme si élégante et qui forment aujourd'hui les plus beaux autels de Rome, ne sont que les baignoires de ces chambres de luxe réservées aux plaisirs des riches. Le peuple n'entrait probablement que dans les salles communes ; mais elles étaient si vastes que trois mille personnes pouvaient s'y baigner à la fois ; et l'on n'en est point étonné, lorsqu'on considère que ces thermes couvraient l'espace qu'occupent maintenant les greniers publics, une bonne partie de la *Villa Negroni*, l'église de Saint-Bernard, de grands jardins, la manufacture et ses cours, le couvent, l'église et l'enclos des Chartreux, et la vaste place qui sépare ces divers établissements : on n'a rien bâti de pareil depuis.

Sans doute la politique était pour beaucoup dans ces brillantes prodigalités. Réduits à la nécessité de nourrir et divertir le peuple, devenu par leur faute le plus vil des peuples, les empereurs établissaient bien les Gymnases dans ces thermes ; mais les exercices en étaient moins pour l'éducation que pour un passe-temps ; spectacle pour la foule des oisifs ; métier pour cette autre classe d'hommes dans laquelle les entrepreneurs des jeux et des combats trouvaient autrefois des gladiateurs à gages. Les jeunes gens qui s'y rendaient, entraient, après une partie de lutte ou de course, dans des étuves parfumées pour s'y reposer délicieusement. Il y avait loin, sans doute, de ces académies de plaisirs aux pénibles exercices du Champ-de-Mars. Rome républicaine se fut bien gardée d'accoutumer ses enfants aux douceurs perfides de cette oisiveté. Elle voulait des hommes que le travail attachât à la patrie, et qui fussent sobres pour la défendre avec vigueur. Lorsque la folie et l'ambition eurent rendues inutiles les institutions et les vertus antiques, lorsqu'il n'y eut plus qu'un despotisme superbe, les mœurs n'importaient plus. Les soldats trouvèrent leur cuirasse trop pesante, et la discipline trop sévère. Voilà où aboutirent ce luxe des thermes, ces recherches de volupté, pour lesquels on épuisait tous les trésors de l'état. Dans ce désordre des mœurs publiques, Dioclétien, prince éclairé, voyait la chute de l'empire inévitable : il en abandonna les rênes, découragé, sans doute, et n'espérant rien de l'avenir que des infortunes. Qu'attendre, en effet, de générations efféminées, si non des vices et l'esclavage !

Constantin eut aussi ses thermes là où est le palais Rospigliosi. Le beau groupe de Monte-Cavallo, trouvé dans leurs ruines, prouve le soin que ce prince avait pris d'embellir ces bains. Mais plus on s'appliquait à réunir dans ces somptueux édifices tout ce qui pouvait faire les délices des sens, moins Rome était capable de soutenir le poids de sa gloire. Déjà réduit à la honte de capituler avec la faction chrétienne pour avoir des soldats, ce même Constantin eut beau créer des Patrices et des Nobilissimes; tout est perdu lorsque les titres remplacent le mérite. Ce sera dans un moment d'indignation et pour sauver quelques débris d'un empire près d'écrouler, que ce prince aura résolu de porter le siége de cet empire à Bizance, puisque Rome, la méprisable Rome, ne savait plus obéir ni commander.

RUINES DES CIRQUES ET DES THÉATRES ANCIENS.

Les cirques étaient la passion des Romains. Et cette passion fut peut-être aussi une des causes qui hâtèrent le plus la chute de l'état; comme l'abus des meilleures choses vient avec le temps, pour prouver, sans doute, qu'une destinée inévitable attend les hommes et les empires.

Les Grecs avaient leurs cirques. Mais les jeux ne s'y célébraient qu'à de grands intervalles; et ils étaient tous pour la gloire. Le désir d'y paraître avec éclat devait animer aux exercices de force et d'adresse. Les athlètes n'arrivaient à Olympie, ou à Nemée, qu'après s'être essayés des années entières, à la course, au disque, à la lutte. Quel mouvement n'imprimait pas aux esprits l'attente de ces réunions solennelles ! Quelle ambition de gloire ne devait pas tourmenter ces jeunes âmes ! Avec quelle ardeur et quelle énergie on courait à ces applaudissements des peuples ! On a cherché la cause de] cette vivacité, de cette étendue d'imagination qui distingua si éminemment les Grecs ; ce miracle était tout dans l'émulation. Et ce noble sentiment, c'étaient les jeux publics qui le créaient, en assurant des couronnes aux talents, à l'adresse', à la force et à la vertu.

Les jeux des Romains n'avaient point ces beaux efforts de la nature pour but. On n'y trouve qu'une curiosité insatiable, plaisir grossier, volupté barbare d'âmes féroces. A Olympie l'enthousiasme était dans les athlètes ; à Rome il n'agitait que les spectateurs. La couronne d'or, dont les Grecs ceignaient le front des vainqueurs, n'était rien en comparaison des éloges qui suivaient leur triomphe. Ils obtenaient des statues de bronze comme les généraux qui avaient gagné des batailles.

Le grand Cirque devait aux Tarquins sa forme d'amphithéâtre. Le Sénat l'agrandit ensuite et successivement. Pompée et César lui donnèrent une élégante enceinte à deux étages. Ce vaste édifice remplissait la vallée *Myrtia*, consacrée à Vénus, en mémoire de l'enlèvement des Sabines, qui eut lieu en cet endroit même. Ce Cirque pouvait, dit-on, contenir trois cent mille spectateurs. Les triomphateurs y passaient pour être salués par ce peuple immense.

Ce lieu célèbre n'est plus qu'un triste potager : il ne reste pas même des pierres d'un si grand édifice. *L'eau crebra*, (rapide) y coule encore ; mais c'est pour former un marais ; le temps a tout détruit. Le palais des Césars qui s'élevait tout près en galeries superbes, ne présente plus que des lambeaux de murailles, qui s'écroulent chaque jour. Du côté de l'*Aventin* brillaient des thermes et des temples ; il n'y reste qu'un triste vignoble autour de quelques masures.

Il n'existe rien du Cirque Flaminien qui était au pied du Capitole : le palais Mathéi en occupe la place.

TOMBEAUX ANCIENS.

Ces tombeaux ne dévoraient pas leur proie comme les nôtres. L'urne y gardait les cendres de la personne regret-tée ; les traits de son visage respiraient dans sa statue ; l'ombre errait sous ses voûtes, heureuse d'y être l'objet de la douleur de ses enfants et de ses amis. A certains jours de l'année ces amis et ces enfants y brûlaient des parfums en couronnant l'urne de fleurs ; et ce touchant devoir était rendu avec tout le zèle de la piété. Ce respect pour les morts était une sorte de culte ; les tombeaux étaient eux-mêmes tenus pour des temples : on les gardait comme des monuments sacrés. L'impie qui eut osé les violer était chargé d'imprécations, et les lois le punissaient. Les familles y honoraient leurs ancêtres avec l'espoir d'y être, à leur tour, l'objet d'un sentiment religieux. Combien ces idées devaient encourager à bien faire? Gloire au peuple qui prenait ce soin des sépultures!

Du petit nombre de tombeaux que la république avait accordé dans la ville aux citoyens d'éminentes vertus, ou pour de signalés services, un seul existe encore, celui de l'édile Bibulus. Il se trouve au pied du Capitole, du côté du *forum* Trajan. Il devait être sur la Voie Flaminienne : un particulier l'a fait entrer dans la façade de sa maison.

Il reste d'ailleurs quatre autres grands tombeaux ; on peut nommer les familles à qui ils appartenaient, ou dont l'architecture offre quelque chose de remarquable. A la porte Saint-Paul existe celui de Caïus Cestius, Epulon sous Auguste. C'est une pyramide haute de trente-huit mètres et couverte de belles dalles de marbre. La chambre sépulcrale est au centre et peinte avec goût.

A trois milles de Rome, sur la voie *Appia*, existe aussi dans un massif de trente mètres de diamètre le tombeau de Cécile *Metella*, femme de *Crassus*. L'édifice est rond avec une frise ornée de festons et de têtes de bœufs qui lui font donner le nom de *Capo di Bove*. La chambre sépulcrale est au centre et fort petite. On y trouva l'urne qu'on voit dans la cour du palais Farnèse. Le champ qui sépare cette ruine de celle du cirque de Caracalla est plein de morceaux de jais taillés à facettes.

Quelques toises plus loin est le tombeau de la famille *Servilia* ; et sur la même voie, mais dans Rome même, est celui des Scipions, à deux étages. Des deux chambres, l'une est carrée et l'autre ronde avec des niches. C'est là que furent trouvés en 1780 le modeste sarcophage de

L. Scipio Barbatus, le buste d'*Ennius* couronné et plusieurs inscriptions : ce tombeau sert de logement à un pauvre vigneron.

Cette célèbre voie *Appia*, comme toutes les voies consulaires, est bordée de semblables ruines. On y distingue celle du tombeau des affranchis de Livie et d'Auguste avec des urnes et des vases cinéraires dans de petites niches. Les curieux y cherchent encore les tombeaux des Horaces et des *Collatinus* auxquels un mot de Cicéron fait attacher un intérêt particulier.

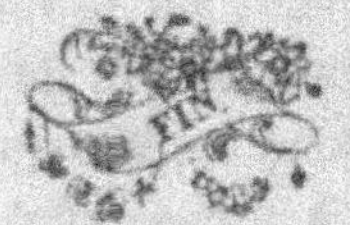

TABLE.

TABLE.

—

TABLEAU DE ROME.

ÉTAT ACTUEL DES SEPT COLLINES.

FIN DE LA TABLE.

Limoges. — Typ. F. F. Ardant frères.

www.ingramcontent.com/pod-product-compliance
Lightning Source LLC
LaVergne TN
LVHW052028060726
842528LV00002B/671